滇版精品出版工程专项资金资助项目

丛书主编：杨泠泠

本册编著：薛金玲　牛奕淇

深山走出脱贫路

独龙族

云南人口较少民族脱贫发展之路

独龙 一步跨千年

◎《深山走出脱贫路》编委会　编

YNK 云南科技出版社

·昆明·

图书在版编目（CIP）数据

独龙一步跨千年 /《深山走出脱贫路》编委会编
. -- 昆明：云南科技出版社，2025
（深山走出脱贫路：云南人口较少民族脱贫发展之
路）
ISBN 978 - 7 - 5587 - 4846 - 2

Ⅰ．①独… Ⅱ．①深… Ⅲ．①独龙族 - 扶贫 - 研究 -
云南 Ⅳ．①F127.74

中国国家版本馆 CIP 数据核字（2023）第 082984 号

独龙一步跨千年

DULONG YIBU KUA QIANNIAN

《深山走出脱贫路》编委会　编

丛书主编：杨泠泠

本册编著：薛金玲　牛奕淇

出 版 人：温　翔

责任编辑：洪丽春　蒋朋美　曾　芃　张　朝

助理编辑：龚萌萌

封面设计：解冬冬

责任校对：秦永红

责任印制：蒋丽芬

书　　号：ISBN 978 - 7 - 5587 - 4846 - 2

印　　刷：昆明天泰彩印包装有限公司

开　　本：787mm×1092mm　1/16

印　　张：13.5

字　　数：312

版　　次：2025 年 2 月第 1 版

印　　次：2025 年 2 月第 1 次印刷

定　　价：68.00 元

出版发行：云南科技出版社

地　　址：昆明市环城西路 609 号

电　　话：0871 - 64114090

前言

　　独龙族是我国 28 个人口较少民族之一，也是中华人民共和国成立初期从原始社会直接过渡到社会主义社会的少数民族之一，主要聚居在滇藏交界处的贡山独龙族怒族自治县独龙江乡。

　　曾经，这里山峻谷深，自然条件恶劣，每年有半年时间大雪封山，是云南乃至全中国最为贫穷的地区之一。

　　国家有关部门和云南省以整体推进的思路对独龙江乡进行了集中帮扶，迅速消除了独龙江乡在基础设施、产业发展、人才素质、群众生产生活水平等方面的"瓶颈"问题。

　　党的十八大以来，以习近平同志为核心的党中央围绕脱贫攻坚作出一系列重大部署和安排，全面打响脱贫攻坚战。

　　"全面实现小康，一个民族都不能少。"2015 年 1 月，习近平总书记在云南考察时的重要讲话，字字铿锵："中国共产党关心各民族的发展建设，全国各族人民要共同努

力、共同奋斗，共同奔向全面小康。"

进入新时代，在习近平总书记精准扶贫思想的指引下，怒江州进入了全面发展的"快车道"，当地经济社会发展快速赶上周边兄弟民族。2018 年，独龙族整族脱贫，告别了曾经"与世隔绝"的状态，构建了特色产业体系，迈上了跨越式发展轨道。

从天堑阻隔到四通八达，从穷窝穷业到安居乐业，从刀耕火种到现代文明，从稀有短缺到有效保障，从愁吃愁穿到全面小康，经济社会各项事业发生了翻天覆地的历史巨变。困扰独龙族的行路难、吃水难、用电难、通信难、上学难、就医难和住房安全等问题得到了根本性解决，群众的获得感、幸福感、安全感有了前所未有的提升，干部、群众的精神面貌焕然一新。

如今，独龙江已不再是"遥远"的代名词：高黎贡山独龙江公路隧道的贯通，标志着独龙江乡大雪封山封半年的历史已然结束；独龙江边整齐划一的独龙族安居新村，标志着独龙族昔日住窝棚、爬山路的日子一去不复返；树林里成片的草果、重楼等经济作物标志着独龙族有了稳定的经济收入渠道；全乡适龄儿童全部入学；参加新型农村合作医疗保险的村民占 100%；贫困户全部脱贫，特困户得到社会保障；独龙族的民族文化得到良好的保护和传承。

独龙族长久以来的贫困难题得到历史性解决，人民生活经历了从"苦日子"到"熬日子"再到"好日子"的巨变，实现了从区域性深度贫困到区域性整体脱贫的历史性"蝶变"，实现了从原始社会末期到社会主义小康的"一步跨千年"。

独龙一步跨千年

目　录

深山走出脱贫路

云南人口较少民族脱贫发展之路

中华人民共和国成立以来

独龙族发展大事记

► **1950 年 10 月** 成立贡山县人民政府，在任命和耕同志为县长的同时，任命孔志清为贡山县第四区（今独龙江乡）区长。

► **1952 年** 孔志清作为独龙族人民代表第一次到北京参加了国家民委召开的民委扩大会议，受到了周恩来总理的接见。当总理问孔志清是什么民族的时候，孔志清回答总理："旧社会我们被称为'俅子'或'俅族'，我们自己称'独龙'。"周总理亲切地说："那你们应该称作'独龙族'。"从此，独龙族有了自己正式的民族称谓。

► **1956 年 10 月 1 日** 贡山独龙族怒族自治县成立，孔志清当选为县长，独龙族从此走上了政治舞台，拥有了当家作主的权利。

2

► **1964 年** 政府修通了从独龙江巴坡到贡山的 64 千米"人马驿道"，独龙族告别人背肩扛，进入马帮运输时代。

▶ **1999 年**独龙江简易公路贯通，把独龙族群众从人背马驮中解放出来。除去大雪封山的半年，可通行的半年时间里，汽车也要七八个小时方可到达。

▶ **1999 年**开始在独龙江实施的退耕还林政策，使独龙族逐步放弃了传统的"刀耕火种"生产方式，退耕还林补助的大米作为主食替代了独龙族传统的小米、玉米、鸡脚稗等杂粮，彻底解决了独龙族群众的粮食问题。

▶ **2010 年**独龙江乡整乡推进独龙族整族帮扶扶贫项目实施。

▶ **2013 年 11 月 3 日**习近平总书记在湖南省湘西土家族苗族自治州花垣县排碧乡十八洞村考察时，首次提出"精准扶贫"重要理念，强调：要从实际出发，因地制宜，精准扶贫，切忌喊口号，也不要定好高骛远的目标。首次提出精准扶贫重要思想。

2014 年 5 月 12 日国务院扶贫办等 7 部委印发《建立精准扶贫工作机制的实施方案》，标志着我国正式启动精准扶贫工作。

2014 年高黎贡山独龙江隧道贯通，独龙江实现了全年通车，汽车 3 个小时即可到达贡山县城。贡山县干部群众致信习近平总书记，重点报告了多年期盼的高黎贡山独龙江公路隧道即将贯通的喜讯，汇报了当地经济社会发展和人民生活改善情况。

2015 年 1 月习近平总书记在云南考察时发表重要讲话："中国共产党关心各民族的发展建设，全国各族人民要共同努力、共同奋斗，共同奔向全面小康。"1 月 20 日，习近平总书记亲切会见了贡山独龙族怒族自治县的干部群众代表。

2015 年 11 月 27 日至 28 日中央扶贫开发工作会议在北京召开。习近平总书记强调，消除贫困、改善民生、实现共同富裕，是中国特色社会主义的本质要求，是中国共产党的重要使命。全面建成小康社会，是中国共产党对中国人民的庄严承诺。

▶ **2015 年 11 月 29 日**《中共中央　国务院关于打赢脱贫攻坚战的决定》发布。

▶ **2018 年 12 月**独龙族实现整族脱贫；2018 年 10 月，独龙江乡荣获"全国脱贫攻坚奖——组织创新奖"；2018 年 12 月，独龙江乡获全国民族团结进步创建示范乡镇。

▶ **2019 年 4 月 10 日**习近平总书记给云南省贡山县独龙江乡群众回信，祝贺独龙族实现整族脱贫，勉励乡亲们为过上更加幸福美好的生活继续团结奋斗。

▶ **2020 年 11 月 23 日**中国 832 个国家级贫困县全部脱贫摘帽。

▶ **2021 年 2 月 25 日**全国脱贫攻坚总结表彰大会在京隆重举行，习近平总书记庄严宣告：我国脱贫攻坚战取得了全面胜利。

独龙江乡（供图：贡山县委宣传部）

6

高黎贡山独龙江公路隧道（供图：贡山县委宣传部）

习近平总书记回信（供图：贡山县委宣传部）

独龙江草果丰收（供图：贡山县委宣传部）

独龙江彩虹桥（供图：贡山县委宣传部）

独龙族安居新房（供图：贡山县委宣传部）

独龙江公路（供图：贡山县委宣传部）

独龙族群众广场活动（供图：贡山县委宣传部）

听党话，感党恩（供图：贡山县委宣传部）

巴坡界务员巡护边境（供图：贡山县委宣传部）

深山走出脱贫路

云南人口较少民族脱贫发展之路

脱贫花开独龙江

秘境独龙江

它被称为"云南最后一片秘境"，

是一个遥远而神秘的河谷，

它的名字叫"独龙江"。

独龙江源于西藏察隅，

流经怒江贡山而入缅甸，成为"伊洛瓦底江"。

这里有个被称为"太古之民"的独龙族，

是独龙江最早的主人。

曾经的独龙江——封闭、与世隔绝；

曾经的独龙族——弱小、生活贫困。

如今的独龙江，道路通畅、信息通达；

如今的独龙族，丰衣足食、生活幸福。

 ## 幸福独龙族

1950年的春天，解放军把最后一户独龙族群众接出岩洞，给他们送上盐巴、粮食和御寒的棉衣，独龙族从此迎来了新生。

1956年10月1日，贡山独龙族怒族自治县成立，独龙族唯一受过教育的孔志清当选为贡山县县长，独龙族从此走上了政治舞台，拥有了当家作主的权利。

20世纪50年代，党和政府的"直接过渡"政策，使独龙族从原始社会末期直接跨入社会主义社会，独龙族社会发展实现了第一次跨越。

党的十一届三中全会以后，随着边疆、少数民族地区脱贫发展政策的出台，独龙江地区实施了安居温饱村建设，重点村、民族贫困乡扶贫综合开发，茅草房改造，小额贷款扶持，退耕还林及天保工程等项目，独龙族的生产生活得到了发展。

1999年开始的退耕还林，不仅使独龙族逐步放弃了传统的刀耕火种生产方式，亦使独龙江地区的生态环境得到快速恢复。退耕还林政策补助的大米作为主粮替代了独龙族传统的小米、玉米、鸡脚稗等杂粮，彻底解决了独龙族群众缺粮的问题。

党的十八大以来，在党和国家的扶贫政策主导下，通过整乡推进、整族帮扶、精准扶贫、率先脱贫、全面小康等阶段，独龙江地区在安居温饱、基础设施建设、农业产业发展、社会保障事业、劳动力素质提高、生态环境保护、旅游小镇提升等方面取得了巨大的成效，独龙江地区、独龙族发生了翻天覆地的变化。独龙族这个在中华人民共和国成立前还靠刀耕火种、结绳记事、狩猎为生、处于原始社会末期的人口较少民族，一跃跨千年，与全国56个民族一起步入了小康社会。

如今的独龙江，一年四季内外道路畅通，广播电视、4G网络覆盖全乡，与外部世界实现了"零距离"接触。如今的独龙族不仅家家有新房，户户有新业，人人享有基本社会保障，还通过草果、重楼、黄精等特色种植产业，独龙牛、独龙鸡、中华蜂等养殖业及旅游接待业有了稳定的经济收入，集体经济也得到发展壮大。

中华人民共和国成立以来，在党和政府的帮助扶持下，经过70多年的努力奋斗，曾经弱小、贫困的独龙族从原始社会末期一步跨千年，步入了小康社会，

这是历史性的、跨时代的巨变，这个巨变包含了两次历史性跨越：1950 年，独龙族从原始社会末期一步跨越到社会主义社会，实现了第一次跨越；2018 年，独龙族整族脱贫，与全国人民一起进入小康，实现了第二次跨越。

独龙族群众说："独龙江的发展太快了，像飞一样。"独龙族老人们说："以前缺粮，主食是杂粮，一天只吃两顿，肚子很饿。现在吃大米，一天想吃几顿都可以。以前只有打猎、养猪的人家才有油、有肉吃，现在家家都有了。"独龙族妇女们说："现在住在新房里，家里有洗衣机、电饭煲、电磁炉等各种家用电器，我们的劳动负担减轻了，出门坐汽车，不用背重物，心里有幸福的感觉。"①

2021 年，独龙江乡有农村人口 1142 户、4298 人，其中，独龙族人数占总人口的 99%。全地区生产总值 8113 万元，农民人均纯收入达 1.5 万元。②

---

① 资料来源：国家社科基金项目《国家政策主导下的独龙族发展》2018 年 12 月在云南省怒江傈僳族自治州贡山独龙族怒族自治县独龙江乡巴坡村的田野调查。
② 数据来源：独龙江乡政府提供的《独龙江乡汇报材料汇总》。

深山走出脱贫路

云南人口较少民族脱贫发展之路

深山道阻难发展

独龙族是中国人口较少少数民族之一，也是云南省人口最少的民族。独龙族世代居住的独龙江乡属于"两江夹一河"的地形，山高谷深，地势险峻，条件恶劣，人们几乎与世隔绝。如此艰难的生活环境导致独龙族的生产生活发展水平极其落后，在中华人民共和国成立前仍然处于刀耕火种的原始社会末期阶段。中华人民共和国成立多年，由于独龙族社会发展历史、农业生产方式、土地耕作方式、所处自然地理环境等的局限，独龙族仍处于生产发展、社会发展相对滞后的状态。

深山民族独龙族

独龙族总人口 7310 人，其中男性 3562 人，女性 3748 人，[①]主要分布在云南省西北部怒江傈僳族自治州贡山独龙族怒族自治县西部的独龙江乡及丙中洛乡的小茶腊村，相邻的维西傈僳族自治县齐乐乡和西藏自治区察隅县察瓦龙乡等地也有少部分独龙族。独龙族世居于中缅边境的独龙江河谷，是横断山脉三江并流核心区，虽然生态环境极其优美，但生存条件却极端恶劣，社会发展程度低，经济社会发展的起点低、难度大。

  ### 独龙族的族源

关于独龙族的族源目前还没有较为清楚的脉络及线索，但从语言系属来看，作为汉藏语系藏缅语族的独龙族，应当属于古代氐羌族群。独龙族自己对于来源有两种传说：一种认为独龙族祖祖辈辈生活在独龙江，是土著民族。另一种认为

---

① 数据来源：《2021 中国统计年鉴》。

独龙族最初居住在怒江一带，因狩猎来到独龙江河谷，看到这里森林茂密，猎物种类繁多，沿江还有平坦的土地，之后便陆续迁居至此，并逐步由北向南发展。

独龙族的族称最早见于《大元一统志》丽江路风俗条，"丽江路，蛮有八种，曰么些、曰白、曰力洛、曰冬闷、曰峨昌、曰撬、曰土番、曰卢，参错而居"。其中，"撬"为"俅"的同声异写，即指现在的独龙族。[①]他们自称"独龙"，他称"俅帕""俅子""曲洛"等。中华人民共和国成立后，孔志清作为独龙族人民代表第一次到北京参加了国家民委召开的民委扩大会议，受到了周恩来总理的接见，根据本民族的意愿及周总理的亲切指示，从此将其自称"独龙"作为民族称谓。

独龙族社会发展历史

历史记载，独龙江河谷在唐、宋两代属南诏及大理政权管辖；元、明、清三代则为丽江木氏土司和丽江路军民总管府统治。当时的丽江路包括现在的丽江市、怒江傈僳族自治州和迪庆藏族自治州南部等地，其西北与今西藏自治区相接。

清代中叶，独龙江和怒江曾被划分为两段，分别受丽江木氏土知府所属的康普土千总（维西藏族）和叶枝土千总（察瓦龙藏族）管辖。独龙族每年按期向康普土千总纳贡。后来，康普土千总把独龙江上游地区转赠给西藏喇嘛寺，由喇嘛寺通过察瓦龙藏族土司叶枝土千总向独龙族人收取"超度"费，收受黄连、篾箩、皮革之类物品。与此同时，贡山县喇嘛寺也以"香火钱粮"向独龙族增派苛税，而康普土千总仍然对独龙族征收"俅贡"。此外，东邻的傈僳族奴隶主，也经常越过高黎贡山，掳掠独龙族人当奴隶，这个时期的独龙族承受着多重管制和贡赋，普通百姓生活极为艰难。

1907—1908 年，清王朝派要员夏瑚巡视怒江、独龙江一带，下令停止当地民众对土司、喇嘛及蓄奴主的一切贡赋，严禁土司掳掠边民为奴。夏瑚是历史上以政府官员的身份进入独龙江的第一人，他还向清政府提出加强边务、开发边疆的"十条建议"。经过一年多的视察，夏瑚写成《怒俅边隘详情》一文，成为明清以来有关云南西北边境的调查记载，内容包括设官、练兵、撤土司、剿匪、兴学、通商、招垦、开矿等 10 条建议。这些建议均立足于地区长远发展，为民谋利，如撤退土

---

① 《独龙族》，新华网，引用日期：2017 年 3 月 24 日。

司、剿抚吉匪等都在一定程度上减轻了苛捐杂税，缓解了当地民众长期深受的匪患之苦。这一系列举措对稳定西南边疆、增进民族团结起到了很好的作用。

辛亥革命后，独龙江划归菖蒲桶殖边公署统辖，1918 年改为菖蒲桶行政委员会公署。1933 年又改为贡山设治局，并先后设立了公安局和区公所。民国时期政局混乱，独龙族人民深受西藏察瓦龙土司和国民党的双重统治。国民政府为了加强对该地区的有效控制，在独龙江推行了保甲制，共设 4 保，以每一行政村为 1 保，每一自然村为 1 甲，并任命当地族长为保长、甲长，三年一换，除管理村社日常事务外，还要负责为国民政府征缴税收。近代以来，独龙族一直处于反动统治之下，为反抗多重税赋，独龙族人民曾多次掀起反抗税收的斗争，如 1932 年反抗察瓦龙土司、1940 年反抗国民党设治局等。除此之外，独龙族人民还加入反帝国主义的斗争中，如 1907 年白哈罗教案、1913 年打击英帝国主义入藏等，成为民族斗争史的重要组成部分。

中华人民共和国成立前，独龙族社会仍处在以父系氏族为主的家庭公社解体时期。整个独龙河谷有木金、当生、木仁、木江、陇吴、江勤、姜木雷、凯尔却等 15 个父系氏族，独龙语称氏族为"尼柔"，即由同一个祖先的后代组成的，具有血缘关系的共同体。①其社会生产仍然以刀耕火种、采集、狩猎为主，其社会组织、土地制度、家庭婚姻形态仍然具有原始家族公社的特征。由于当时生产力的发展和私有制的逐渐确立，父系氏族的社会结构已很松散，在现实生活中起主要作用的是家族公社。

由于历代反动统治者的压迫、屠杀，以及近代帝国主义的欺侮，独龙族人民灾难深重，人口不断减少，到中华人民共和国成立前夕，仅剩下 1700 多人，几乎濒临灭绝的境地。②

1949 年 8 月，贡山宣告和平解放。1950 年 3 月，成立了贡山临时政务委员会。同年 4 月，正式改为贡山县。10 月，成立了贡山县人民政府，在任命和耕同志为县长的同时，任命孔志清为贡山县第四区（今独龙江乡）区长。1956 年 10 月 1 日，成立贡山独龙族怒族自治县，孔志清当选为县长，独龙族从此走上了政治舞台，拥有了当家作主的权利。1950 年 4 月，独龙江被设立为贡山县第四区，

---

① 贡山独龙族怒族自治县编纂委员会：《贡山独龙族怒族自治县志》，民族出版社，2006，第 66 页。
② 《独龙族》，中国政府网，引用日期：2017 年 3 月 24 日。

1969 年改为独龙江公社，1984 年改为独龙江区，1988 年区改乡后称独龙江乡。

20 世纪 50 年代，党和政府针对云南省边疆地区社会形态发育程度较低的地区实施的"直接过渡"政策，使独龙族从原始社会末期直接过渡到社会主义社会。在"直接过渡"政策下，独龙江不再进行土地改革运动，一步跨入社会主义社会，独龙族人民从此当家作主，实现了第一次跨越。

随后，党和政府采取一系列措施，扶持独龙族的社会生产发展，使独龙族和全国人民一起走上共同发展的社会主义道路。

 ## 独龙族社会经济发展

社会经济的发展是衡量一个民族发展水平的重要指标，作为在中华人民共和国成立前期依然处于原始社会末期的独龙族，他们固有的社会生产方式及生产力是落后于其他地区的。长期与世隔绝、闭塞的地理环境之下，传统的刀耕火种农业模式、粗放的农业生产技术都是导致独龙族社会经济发展缓慢的原因。

 ### 生产方式及土地资源利用

1994 平方千米的独龙江乡，号称"西南秘境"，是全国唯一的独龙族聚居地。独龙族群众长期生活在独龙江两岸的高黎贡山和担当力卡山半山腰，分散居住在山上简易的茅草房、篱笆房中，以刀耕火种、狩猎捕鱼、荒山采摘为生，生产力水平十分低下。铁制生产工具还没有被广泛使用在生产中；没有固定耕地，种植、养殖技术低下；农业、交通等基础设施完全空白；村民没有经商意识，平均主义思想严重；村民基本的生产、生活物资匮乏，粮食、盐巴、糖、油等物资稀缺；普通独龙族群众缺乏基本的教育、卫生、医疗服务，基本生存权利受到威胁。千百年来，独龙族群众住茅草房，过江靠溜索，出山攀"天梯"……

独龙族的生产以传统农业为主，打猎、捕鱼和采集为辅。主要生产工具为点种棒、木锄、镰刀、砍刀、铁斧、石磨、弩、渔网等。

19

刀耕火种的生产方式

独龙族传统农业生产方式是刀耕火种式的轮歇农业，即在森林中选一块地通过砍、清理、烧等措施开垦，种植 1 ～ 3 年后让其森林植被自然恢复成林。为了使田地抛荒后的森林更快恢复，在砍伐森林时，村民们会在地里留一部分水冬瓜树干，并在抛荒后人工种植一些水冬瓜树苗。在村民传统的农业生态知识中，他们知道水冬瓜树有肥地、保水的作用，对于恢复地力有极大的好处。由于轮歇农业是整个独龙族民族的主要生产方式，因此农作物品种的培育和利用以及独龙族的许多传统知识和文化都离不开与轮歇农业相关的生产实践经验。

独龙族的刀耕火种的轮歇耕种模式，是包括独龙族在内众多山地民族根据自身所处的自然环境而发明的一种农业生产方式，并有着与现行生态体系大不相同的一套完整的生产流程、规则及禁忌内容。虽然其经济效益不高，但其中蕴含着完整的能量交换和物质循环体系的生态系统知识，维持着自然生态和物质能量的平衡，很好地实现了对环境的保护和发展。

独龙河谷面积广阔，人口稀疏，人均占有土地资源量充足，这为独龙族的刀耕火种奠定了基础。独龙族群众将刀耕火种的土地分为"火山地""水冬瓜地""手挖地"和"园地"四大类型，这四种类型的土地，砍烧时间和轮歇年限各有不同，要根据土地上的树木种类、地势和土壤情况及气候特征而定。为了克服林地经过多次的砍倒烧光而变成秃山与草地的矛盾，除去迁徙另找林地外，独龙族在长期的实践中摸索出了人工栽树的方法。即在土地上种植一种枝茂叶肥、生长较快又易于砍伐的水冬瓜树，用人工种植水冬瓜树的林地，叫"斯蒙木朗"。这种方式不仅在很大程度上缩短了砍烧的轮歇周期，而且水冬瓜树的落叶易腐，补充了土壤有机质，燃烧后融于土壤中，能有效提高土壤肥力。故在 20 世纪 50 年代以前，独龙族社会中有"在家族公社占有的领地内谁种植的水冬瓜地就归谁所有"的不成文的乡规民约，于是各个家庭都开始在家族的领地内大量种植水冬瓜。

虽然刀耕火种为独龙族提供了大部分的物质来源，但它本质上仍是一种不稳定的生产方式，特别是遇到异常气候年份，刀耕火种生产出来的粮食往往不能满足人们的需求。所以独龙族群众在刀耕火种之外，必须要通过采集活动来进行有效的生活物资补给。独龙族的采集活动多集中在每年的 3 月到 6 月，到 7 月份，青稞、土豆等作物成熟以后就停止采集。采集的野生植物通常有董棕、竹菜叶、大百合、葛根、野生山药等数十种，这类野生植物有共同的特征，即数量多、分

布广泛、容易获取，食用方便快捷，也不易灭绝，且淀粉含量相对较高，有一定的营养，能补充人体所需的物质能量。如葛根属于豆科藤本植物，是药食兼用的替代品。据说一棵大的董棕树含有可供一人食用数月的淀粉，独龙族群众用董棕粉加少许红糖，煮成糊状食用可以治疗肠胃病，它在整个独龙江河谷都有分布，是独龙族较为普遍的食材之一。此外，还有水冬瓜树、云黄连、天麻、贝母等多种药用植物，不仅可以充饥，还有一定的治疗作用。

刀耕火种的耕作方式不仅容易引起火灾，大规模的烧山更是会焚毁森林中的动植物。因此，曾经的独龙族群众在烧山之前，会举行祭山神和祭谷神的仪式，届时会敲响铓锣皮鼓、跳舞吆喝、念祭词，这样客观上就惊动了林中的动物，使它们有时间逃走。另外，在烧地之前要把四周的树枝和干草铲除干净，避免火苗蔓延烧毁其他森林。烧地时还特别注意风向，让火慢慢从四周向中央燃烧。烧完之后，还要把没有烧着的树枝或草堆放在一起烧，要把烧不尽的树干捡起堆在地的四周，把地修整得干干净净，有效地避免火灾的发生。

独龙族家家户户都有火塘，而传统房屋多为木质结构的木楞房，按理易引发火灾，但独龙江内几乎没有发生过大规模的村落火灾，这主要和独龙族群众的日常防火意识有关。独龙族每家都会在火塘上面搭建一个铁网，独龙语称为"汉木齐"，上面会放一些腊肉之类的腌制肉食，不仅有效地阻隔了火塘内火势的蔓延，而且还熏制了腊制食品，可谓一举两得。另外，在火塘周边和底部也会用石板隔开，火塘会建在与周边建筑物有一定距离的地方。独龙族群众还会将仓库建在离家比较远的河边，不仅可以防止房屋起火烧毁粮食导致饥荒，一旦火灾发生还能够及时获取水源扑灭火情，这些措施都有效地预防了火灾。

土地资源利用模式

这种传统的刀耕火种轮歇农业，针对不同的土地种类使用不同的轮歇模式。

（1）森林轮歇地，在选中一片森林后，先挖好防火线，砍伐这片森林中大的树木，清理可用于建房及柴火的树木，然后点火焚烧。火烧后的草木灰对改善土壤肥力有非常大的作用。一般来讲，这种火山地都是以家庭为单位进行种植，因此清理地块及烧山由个体家庭进行。但有部分由多个家庭联合种植，各家种植面积的清理主要由个体家庭自行安排劳动力进行，清理完成后，集体一起烧山。

这种土地一般种植 1 ~ 3 年后就不再种植，抛荒后的土地需要闲置 6 年以

上才能重新种植。为了尽快恢复地力，独龙族会在轮歇抛荒后的火山地里人工种植水冬瓜树，加快了森林植被的恢复及土壤肥力的提升。

（2）灌木丛轮歇地，这种轮歇地和森林轮歇地一样，也称之为火山地，只是这种土地是离家较近的灌木林地，所以被利用得更频繁一些。这种轮歇地的耕种时间不定，轮歇时间也不定。有些家庭使用1~3年抛荒2年后又重新利用，这要由每个家庭在粮食方面的充足与否来决定。因为这种轮歇地种植期间不长，所以每个家庭必须拥有几块，轮流种植、轮流抛荒。

独龙族农户同样习惯在这种轮歇地里种植水冬瓜树以提高土壤肥力，但是地块的权属很明确，尤其是水冬瓜树林，"谁种谁利用"的观念很强，这就使得水冬瓜树木的种植具有很强的主动性。在长期的农业生产实践过程中，独龙族在这种类型的轮歇地里的农事活动，与常规认为轮歇农业刀耕火种是一种无序的、对森林严重破坏的概念不同，这类轮歇地其实也是相对固定的，而且农户对水冬瓜林的利用过程在农业生产过程中具有可持续发展的作用。

除上述两种轮歇地类型外，独龙族的主要土地利用还包括熟地、水田和菜园地。

（3）熟地，熟地也称固定耕地，一般是集中在家附近的私人承包地。独龙语叫"abaimulang"，意思为"熟地"，或称"sujiong"，意思是"种植苞谷的地"。平时在熟地上会施农家肥。一般连年种植，但种植的作物会套种和轮种。例如，种2年的苞谷，轮种1年的芋头再种苞谷。独龙江大部分村社的固定耕地面积有限，全乡人均略不足1亩[1]。

（4）菜园地，此类地块多在住房四周，各家面积不同，从几分[2]到1~2亩都有。菜园地一般连年栽种，不丢荒、不轮歇，通过松土、施肥等措施保持土壤肥力，有时还施用火灰。因为菜地里可以种植各种作物（包括粮食作物），所以复种指数高。一般农户的菜地里除了蔬菜之类的作物外还种植大量的主食作物，如苞谷、山药、芋头等，尤其是退耕还林后苞谷作为饲料更重要，因此多数农户在菜地里种植苞谷。习惯上，将对菜园地的管理和收成好坏，作为判断这家妇女是否贤能的标准之一。

在长期的农业生产实践中，独龙族总结出根据土壤类型及土地肥力的高低，

---

① 亩：土地面积单位（非法定）1亩≈666.67平方米，全书特此说明。
② 分：土地面积单位（非法定）1分=0.1亩，全书特此说明。

依次种植不同的作物：土壤最肥沃的黑色土地用于种植苞谷；土壤肥力小于苞谷地的沙地用于种植各种豆类；土质松、沙少、土壤肥力小于砂地的用于种植稗子；土壤肥力最差，土质多为沙子、石头的地块用于种植芋头。

除了刀耕火种及不同土地类型和农作物之间的传统生产方式，独龙族的农业生产劳动关系也具有鲜明的民族特色。传统上，菜园地和熟地属于家户私人拥有，各家各户自己种植。而轮歇地有不同的耕种组合方式，即不同人群、不同家族会以合伙种植的方式进行农业生产。这种"伙耕"制方式众多，包括集体清理地块，集体提供种子和劳力；某家提供土地，其他合伙人提供种子和劳力；族内亲戚的合伙耕种、朋友间的合伙耕种等。所有的这些"伙耕"方式，都强调了大家共同劳作、平均享受收获成果、共同抵御风险的理念。

中华人民共和国成立以后，对于传统上以刀耕火种方式进行山坡轮歇地游耕，采集、狩猎、渔业为主要生产方式的独龙族而言，在中国共产党的领导下，农业生产模式逐步从游耕进入固定耕地时代。主要经历了开垦水田、退耕还林、产业结构调整等重要的过程。

1952年至1959年，独龙江全乡开垦的水田面积达到850亩，平均亩产150千克，从此独龙族群众吃上了大米，这在独龙江农业生产发展史上是中华人民共和国成立后崭新的一页。

传统上，独龙族主要种植小米、稗子、苞谷、土豆、高粱、旱谷等作物。房前屋后菜地（独龙族称为园地）种植独龙芋头、山药、豆类及蔬菜。大部分人家都饲养猪、牛、羊、鸡。村民的主要生计模式是吃不饱饭的自给不自足传统农业生产方式，经济收入渠道少。

生产力发展水平

根据《怒俅边隘详情》记载："江尾虽间有犎牛，并不以之耕田，只供口腹，农器亦无犁锄，所种之地，唯以刀伐木，纵火焚烧，用竹锥地成眼，点种苞谷，若种荞麦稗黍等类，则只撒种于地，用竹帚扫匀，听其自生自实，名为刀耕火种，无不成熟，今年种此，明年种彼，将住房之左右前后地土，分年种完，则将房屋弃之，另结庐居，另坎地种；其已种之地，须荒十年八年，必

俟其草木畅茂，方行复垦复种。"①由此可见，直至20世纪初期，独龙族依旧保持着落后的刀耕火种的生产方式，尚未采用铁犁牛耕；缺乏农业生产经验，作物生长完全依赖自然条件，对土地休耕的认知还停留在较为原始的阶段。封闭的环境几乎阻断了当地民众与外界沟通交流的机会，导致该地区的生产力水平长期落后；依赖水热条件，原始的耕种方式可以满足民众基本粮食所需，但历史上的层层盘剥、苛捐杂税，加之悍匪掠夺劳动力，当地民众无力应付除生存以外的其他事。内部无法实现生产技术的突破，又缺少向外部学习的条件，道路阻塞、教育滞后，最终造成独龙族长期处于原始家庭公社时期。

中华人民共和国成立前，独龙族正处于原始家族公社解体时期。整个独龙江地区仍然有54个家族公社，以家族为单位分散居住在独龙江沿岸的半山腰，主要进行狩猎、渔业及刀耕火种，社会生产力发展水平较低，每个家族公社有共同的地域，以山岭、河谷、森林、溪流等划分各自的界线，形成一个个自然村寨。农业生产、渔猎以家族公社为单位进行，其他家族成员未经允许不得迁入本家族领地内或进行垦荒、渔猎等活动。

在这个时期，独龙族的生产工具十分简陋，普遍使用树枝的天然勾曲部分制成的小木锄，虽然已有铁器传入，但价格高昂，使用的人很少，处于木、石、铁器混用的时代，农业生产还没有从锄耕过渡到犁耕；村民们以家族为主进行自给自足的生产，以物易物方式普遍，没有商品交换；住房多为木楞房或竹篾笆房。

24

---

① 方国瑜：《云南史料丛刊》第12卷，云南大学出版社，2001，第149页。

深山道阻难发展

独龙江乡位于横断山脉"两山夹一河"的自然地理环境之中，高山、深谷、急水等阻碍了独龙族群众与外界的交往交流，严重限制了独龙族群众的生产发展。

自然地理地貌

独龙江乡地处我国著名的横断山脉的高山峡谷地带，位于东经98°08′～98°30′，北纬27°31′～28°24′，东邻贡山县丙中洛和茨开镇，西南与缅甸毗邻，北靠西藏自治区察瓦洛乡并与印度相近，国境线长97.3千米，境内有37号至43号7个界桩，东西横距34千米，南北纵距91.7千米。整个区域面积为1994平方千米，是贡山县面积最大的一个乡，占全县总面积的44.25%。

中国独龙族世居的云南、西藏和缅甸的接合部，为横断山脉的山峡谷带，山高谷深，沟壑纵横，是典型的封闭式高山峡谷地貌。由于地处横断山脉西界和青藏高原的南缘，在北高南低的开口马蹄形地形的配合下，有利于孟加拉暖流沿河谷而上，从而形成了常年多雨的海洋性气候。又因独龙江河谷地形起伏大，海拔高低悬殊，使得流域内小区域立体性气候明显，自然环境景观垂直分布突出，为多种生物生存、汇聚、迁移和演化提供了优越的环境场所，造就了独特而复杂、稳定又脆弱的区域生态系统。由于地形陡峻，地表破碎，又兼降水丰沛且集中，每年雨季，滑坡、崩塌、泥石流等灾害频频发生，给工农业生产造成了较大程度的影响，但因水热充足，植被覆盖率高，复生条件好，环境恢复能力强。独龙族群众在长期的生活实践中形成了对当地环境的合理认知，积累了丰富的地方性环境保护知识和应对灾害的方式方法——不仅集中反映在独龙族聚居区日常生产劳作中，更突出体现在灾害发生时的应对中。除暴雨带来的灾害以外，阴雨低温、大风、冰雹、雪灾及偶尔发生的秋旱和冬干也是该地区的常见灾害，后两者的特点是暴雨相随，低温大雪相依，洪涝并进。

独龙江乡境内两山夹一江，即东、西两面各耸立高黎贡山和担当力卡山，独龙江纵贯两山之间，这里山高谷深，沟壑纵横，形成封闭式地理环境，最高海拔4969米，最低海拔1200米，呈典型的立体气候和小区域气候，年均气温16℃，无霜期达280多天，年降水量在2932～4000毫米，日均降水量最高达120毫米，为全国之最。全年日照时数平均1100～1400小时，空气湿度达90%。

高黎贡山山脉，独龙族称"独龙腊卡"，"独龙"为独龙族自称，"腊卡"意即山。①以高黎贡山为界，东为怒江流域，西为独龙江流域。由于高黎贡山跨越纬度较大，兼之海拔差异大，立体气候典型，自然条件复杂多样，动植物资源丰富，保留有较多原始森林。

担当力卡山脉，"担当力卡"为独龙语，"担"即松树，"当"即坪，"力卡"则为"腊卡"的谐音，全称意为松坪山，因北段多松树坪而得名。②担当力卡山脉是中缅两国的分界山，西坡为缅甸，东坡为独龙江乡。山脉在云南怒江州贡山县内长72千米，主要有龙克耐腊卡、白马腊卡山等。担当力卡山在怒江州境内的最高峰海拔4969米，独龙江峡谷紧邻山脉，海拔落差大形成立体气候区。这里降水充足，水源丰富，因此有"有山就有箐，无箐不淌水"的说法。

独龙江，是流经西藏察隅县东南部和云南贡山县的河流，也是横断山脉西部"四江并流"的重要组成部分。其源于察隅县伯舒拉岭南部山峰然莫日附近，称为"嘎达曲和美尔东曲"。作为中国唯一一条一年四季清澈见底的江河，独龙江河谷山高谷深，重峦叠嶂，既有圣洁而清澈的山泉，也有参天的古木。独龙江是圣洁、宁静、纯净、幽远的，这里生活着人口不足6000人的"太古之民"独龙族，曾被誉为"云南最后的秘境"。

独龙江乡具有丰富的生物、水能和旅游资源。据统计，独龙江流域内森林覆盖率高达93%，动植物物种保存完好，仅种子植物就有200多种，哺乳动物106种，属国家重点保护的珍稀濒危动植物有30种，被誉为"野生动植物种质基因库"，也是高黎贡山国家级自然保护区和"三江并流"世界自然遗产的核心区。

千百年来，独龙族世世代代生息在这片流域，形成了自己独特的文化。东西两岸的独龙寨人们隔岸谈话听得见，见面握手走三天，而且江水湍急，暗礁横

①② 贡山独龙族怒族自治县编纂委员会：《贡山独龙族怒族自治县志》，民族出版社，2006，第29页。

斜，渡船是不可能的。于是人们只有"飞"过峡谷，才能不断绝两岸间的联系。据《怒俅边隘详情》记载："江面宽窄不一，有宽至四五十丈者，有窄至二十余丈者，急湍固多，安流亦复不少，曲人不知为船以渡，只用篾索三根，平系两岸，虽以木槽溜梆，衔索系腰，仍须手挽足登，方能徐渡，非如澜沧、怒江之陡溜，可以飞渡也。"[1]20世纪60年代以前，进出独龙江到贡山、维西和丽江一带，只有循着太阳升起的地方，翻过高黎贡山，在原始森林里踩出的一条小径。这些路常被悬崖和溪涧隔断，只有经验丰富的猎人才敢穿行，他们往往边走边砍下藤蔓编制溜索和"天梯"，才能渡过重重险境。

由此可见，险峻的地理环境严重制约了独龙族的生产力发展水平，使其长期处于一个相对较为落后的状态，成为全国最贫困的民族之一。

道路交通阻碍

长期以来，在独龙江流域生活的独龙族，往来独龙江两岸的交通工具只有溜索。近几十年，虽然在独龙江及其支流上修建了一些桥，但大多比较简陋，安全性很差。更主要的是，独龙族人口少，居住分散，从驻地到江桥，往往需要走漫长的山路，因此溜索成了当地人的首选交通工具。

由于地处高黎贡山和担当力卡山峡谷区域，每年12月到来年的六七月，大雪封闭雪山垭口，此时交通隔断，独龙江乡完全处于与世隔离的状态。居住在独龙江流域的独龙族有半年多的时间无法外出，与外界的联系断绝。

同时，独龙江地区山高谷深，夏季多雨，冬季多雪，泥石流和雪灾常常发生，这些灾害对独龙族群众的居住安全一直有较大的影响。因此，传统的独龙族房屋建盖选址、朝向、样式都与这些因素相关联。

独龙族群众的房屋一旦被洪水或大雪冲走压垮后，就不得不重新建造。但他们一般不会在原址建造房屋，都是另行选址搭建。考虑到灾害的再次发生，新的房屋选址会选择在面朝南、地势更高的远离河口的斜坡上，这样就可以更长时间照射到太阳，积雪亦可以更快地融化，从而降低压垮房屋的可能。房屋远离河口，就可以降低泥石流冲击的可能性，而且斜坡不容易产生积水，房屋地

---

[1] 方国瑜：《云南史料丛刊》第12卷，云南大学出版社，2001，第149页。

基被淹的可能性不大。更为重要的是独龙族的干栏式木楞房结构，进一步降低了灾害的破坏力度。这主要是因为干栏式结构的房屋稳定性强，承重能力较大，不会轻易倒塌，加之木质结构材料相对砖瓦结构要轻巧许多，即使房屋倒塌，对人畜造成的伤亡程度也要小很多，从1950年贡山大地震中，可以看到干栏式建筑的优势。

由于地理位置偏僻、社会发育程度低、经济发展严重滞后，独龙江乡一直

独龙江上藤篾桥（供图：云南省社会科学院图书馆馆藏资料）

是全国最偏远、最封闭、最贫困的乡镇之一。交通历来是制约独龙江发展的最大"瓶颈"。

中华人民共和国成立以前，居住在独龙江流域的独龙族群众如果要到贡山县城，只能靠双脚走着去。一路上要沿着陡峭的步道，爬石崖、攀天梯，翻越海拔5000多米的高黎贡山才能到达，来回要花半个多月的时间。

中华人民共和国成立以来，党和政府非常重视边疆民族地区人民的生活保障和边防巩固。1958年，贡山县成立民间运输站，主要任务是组织人力背运物资到边远山区。1956年至1964年，党和政府为了改善贡山县城到独龙江乡步道运输状况，历时数年，投入24万多个工日修通了贡山到独龙江乡巴坡村的国防"人

马驿道"，同时修建了4个驿站和19座桥。

在国防驿道修建期间，1962年，政府从丽江、维西、鹤庆招聘有赶马经验的人，再从贡山县傈僳族、藏族、怒族中选拔部分青壮年，组成65人的赶马队，列入国家正式的工人编制，成立了国营马帮运输队，以满足贡山县东线和西线运输的需求。独龙江属于西线，其运输具有季节性，每年7月至11月为运输期，其余时间高黎贡山和碧罗雪山冰雪封山，人马不能通行，独龙江与外界处于隔绝的状态。中华人民共和国成立以前，独龙江地区有时候连油、盐、茶都供应不上。中华人民共和国成立后，每年大雪封山之前，政府相关部门主要的工作就是组织人力整修人马驿道、驿站（哨房），调集人力、马帮集中抢运货物，将粮食、盐巴、茶叶、糖等过冬物资，在大雪封山之前运送到独龙江，以保证大雪封山期间独龙江基本的物资供应。

1965年10月，当贡山国营马帮队驮着生产、生活物资，沿着1964年修通的国防"人马驿道"，首次到达独龙江巴坡村时，第一次见到马匹的独龙族群众欢呼雀跃，他们为马匹送来了草料和苞谷。这条人马驿道的修建，对独龙江具有划时代的意义，因为它标志着独龙族由祖祖辈辈人背肩挑的运输方式过渡到马匹驮运方式。人马驿道修建后，使用马匹驮运极大地提升了当时的运力，政府每年可以运送货物150万～160万千克直达独龙江。

可到了每年冬季封山期，独龙族就几乎"与世隔绝"，外面的人进不去，里面的人出不来。村民之间的通信靠放炮，全乡与外界的联络仅依靠一部手摇电话。一旦发生暴雪断电，独龙江乡就成了孤岛，完全与外界失去了联系。彼时，全长65千米、开凿于1964年的人马驿道是独龙族人与外界联系的生命线。"最后的马帮"一直持续到20世纪末，他们需要在每年6月开山解封时，把粮食、盐巴、药品和生产资料抢运进山。每年封山之前，独龙江乡6个村的干部带领本村二三百人，要步行3天到贡山县领取免费发放的化肥、粮种、洋芋种、塑料薄膜等，成年人背100多斤物资，小孩背20斤。驿道上挤满了来回穿梭的人。[①]

29

千百年来，独龙族世世代代居住于此，但依然无法摆脱地理环境对他们生存发展的桎梏。独龙族聚居的独龙江乡地理格局复杂，高黎贡山、担当力卡山和独龙江构成"两山夹一江"的高山峡谷地理格局，自然环境的封闭性较强。

---

① 《"直过民族"再越贫困大山》，人民网——《人民日报》（海外版），引用日期：2020年11月26日。

高山峡谷落差大，最高海拔与最低海拔的高差达 3000 多米，形成典型的立体性气候。受到印度洋海风的影响，独龙江乡年降水量充沛，是亚洲三大"雨极"之一，而山高谷深造成山顶与山脚的温差较大，加之复杂的地质条件，独龙江乡山体滑坡、泥石流等自然灾害频发，对当地居民的生产生活造成极大的影响。封闭的自然环境造成居民长期与外界隔离，对外交通成为促进其发展的重要因素。但沟壑纵横的高山峡谷地形与特殊的地质条件造成其基础设施建设困难，交通、通信网络、物流等基础设施建设成本高、难度大。不仅前期建设困难，后期的使用也存在问题。以交通为例，虽然在 1999 年实现了公路通车，但公路建在雪线之上，在冬半年依然无法通行，居民仍然处于与世隔绝的状态。薄弱的基本设施建设也造成了当地基本公共服务无法跟进，教育、养老、医疗等资源缺失，无法满足居民生活所需。

同时，独龙江乡为"三江并流"的核心区，境内 88.26% 的面积被纳入高黎贡山国家级自然保护区范围，以生态保护为主，限制开发，乡内耕地面积少。虽然实现了对外交流，但严苛的自然条件也造成现代化的农业生产技术和生产工具无法普遍推广，如山地地形不利于集约化、机械化生产种植，陡峭的山体、繁茂的植被影响机械农具的操作，这些都使得当地的生产技术水平未能得到有效提高。长期以来，独龙族人民采用家庭式自给自足的生产方式，土地零散分布，农业零星生产，虽然学习到了新的生产技术，运用了新的生产方式，但依然是以家庭为单位的生产模式，长期的封闭造成本土的生产观念滞留，本土的小农生产模式占据主位。

不难得出，社会经济的发展很大程度上取决于地理环境及交通的发展，这样山高谷深、地势险峻的自然环境使人们几乎与外界断联。信息闭塞导致人的思想观念狭隘，经济发展落后导致人们生活困难，仅靠独龙族自己很难走出千百年来形成的这种困境。

然而，尽管独龙族世代生活在如此艰苦的环境中，吃不饱、穿不暖，可守护家园、保家卫国的信念却如同永不熄灭的火焰燃烧在一代又一代独龙族群众的心中，支撑着他们在困境中依然能苦中作乐、笑对人生，真正活成了一个拥有强大精神信念的伟大民族。

深山走出脱贫路

云南人口较少民族脱贫发展之路

独龙江畔红旗飘

　　中华人民共和国成立后，党和政府不仅免除了独龙族的公粮及税收，还千方百计通过一系列政策、措施帮助独龙族发展：民族区域自治政策的实施，让独龙族真正拥有了当家作主的权利；"直接过渡"政策，使社会形态处于原始社会末期的独龙族与全国人民一起跨入社会主义社会；调派各民族干部及技术能人进入独龙江，手把手为独龙族传授农业生产技术，将互助合作、按劳取酬的观念引入独龙江，并从生产、生活、基础设施、社会保障全方位扶持独龙族发展，为独龙族奠定了初步发展的基础。

独龙族当家作主

　　1949 年 8 月，贡山宣告和平解放，标志着独龙族受西藏察瓦龙土司和国民党双重奴役、统治历史的结束，独龙族同周边各民族一起步入各民族平等团结的崭新时期。

　　1950 年的春天，当解放军把最后一户独龙族群众接出岩洞，给他们送上盐巴、粮食和御寒的棉衣，独龙族就此迎来了新生。随后，解放军独龙江红一连在驻地巴坡升起独龙江第一面五星红旗。从此，解放军扎根独龙江，用青春和热血谱写了与独龙族人民共同守护祖国边疆，捍卫祖国领土的军民鱼水情。

　　当时的独龙江为贡山县第四区，其西侧包括同缅甸毗邻的尚未划定边界的大部分地区。这个时期，独龙江流域内有约 15 个氏族，只有孔志清和孤儿黎明义到外地读过书，孔志清是独龙江乡乡长。当时外国宗教势力在未定界的地区蛊惑挑拨，对跨境而居的独龙族产生影响，导致人心不稳。时任贡山县第一任县长的和耕于 1950 年初给孔志清写了一封信，信里阐明共产党为独龙族群众谋利益，请孔志清想办法安抚对共产党新政权有疑虑的独龙族群众，让他们安定下来，不要去往缅甸；并通知他到贡山参加会议，共同商量独龙族发展的大事。孔志清

在 1950 年 7 月到达贡山县城。此时路过贡山县进藏的中国人民解放军某部高团长，专门为孔志清和独龙族宗教界代表召开座谈会，耐心向他们讲解共产党的民族团结政策，还送了《中国人民政治协商会议共同纲领》让孔志清认真学习，并让他带回去向独龙族同胞宣传。他们互赠了礼物。孔志清献上了独龙江的特产，而高团长则回赠了盐、茶和一头黄牛。从此，独龙人民接受了中国共产党的领导。

同年 7 月至 10 月，中共贡山县工委抓紧大雪封山之前的时间，通过任命原独龙江乡长孔志清为第四区区长，黎明义为区干事；向群众分发由丽江专署下拨的茶叶、布匹、食盐等物资和耕牛；选派代表到丽江参加第一届民族代表会议等具体措施，在当时起到了消除隔阂，稳定民心的作用。

在县上接受了任命的孔志清和黎明义，带着县政府送的 20 匹布，先后在独龙江的孟顶村、丙当村召开群众大会宣传党的政策，并在孟顶村选举了第四村村长，在丙当村选举了三村村长和一、二村村长。

1950 年 9 月 30 日，独龙江四区区公所成立，村民们用县政府送的大红布匹拉起横幅，把解放军送的毛主席像挂在上面。当孔志清在大会上激动地宣布"我们再也不会给土司纳贡了，再也不给国民党纳税了"的时候，参加会议的独龙族

翻身作主的独龙族妇女（供图：云南省社会科学院图书馆馆藏资料）

群众高呼"毛主席万岁！共产党万岁！坚决拥护中国共产党！"独龙族从此结束了世代被奴役的生活，翻身做了自己的主人。

会后，孔志清把县长交给他的20匹土布按独龙江的户数撕成小块每家分送一块。虽然每家只分到一尺左右的土布，但对独龙族而言，祖祖辈辈只有百姓向官家上供纳税，却从来没有官家给老百姓发布发衣。一尺土布一碗盐巴，独龙族认定往后跟着共产党走。

贡山县独龙族怒族自治县成立（供图：云南省社会科学院图书馆馆藏资料）

1951年5月18日，丽江专区第二届各族各界代表会议召开。贡山县孟顶区（现独龙江乡）区长孔志清当选为专区协商委员会委员。孔志清随后进入云南民族学院政治系学习半年，紧接着作为云南少数民族代表，到北京出席中央民委扩大会议。1952年1月，在周恩来总理的关切询问下，孔志清说："我们的民族过去被人叫为'俅子'，我们自己称为'独龙族'。"周恩来总理当场建议本民族的称谓就是族名，正式定名为独龙族。

1949年9月21日至30日召开的中国人民政治协商会议通过《中国人民政治协商会议共同纲领》，提出在边疆民族地区实行团结互助，各民族一律平等，实行民族区域自治制度。

1954 年 4 月，贡山县根据《中国人民政治协商会议共同纲领》召开了第一次各族各界人民代表大会，决定撤销贡山县临时政务委员会，正式宣布成立贡山县人民政府。同一时期，中共贡山县工委会成立。1954 年 8 月 15 日至 22 日，怒江傈僳族自治区各族各界人民代表大会召开，孔志清当选怒江傈僳族自治区协商委员会副主席。1955 年 11 月 20 日至 29 日，中共怒江边工委研究制定了《关于我区成立民族自治县和改县政府为县人民委员会的人选安排意见（草案）》，确定贡山县改为怒族、独龙族自治县人民委员会，县长和第一副县长由独龙族、怒族来担任。

1956 年 9 月 24 日，经上级批准，贡山县召开第一届各族各界人民代表大会，选举孔志清为县长。10 月 1 日，举行全县 3000 多人庆祝大会，宣告贡山独龙族怒族自治县成立。独龙族从此走上了政治舞台，拥有了当家作主的权利。

"直接过渡"进入社会主义

中华人民共和国成立后，党和政府采取一系列措施，废除了独龙族以往的一切苛捐杂税，免除了独龙族人民的公粮、税收。以组织领导群众互助换工的方式抓生产、开水田、固耕地，帮助独龙族解决吃饭问题。同时，上级派遣的教师、医疗人员等陆续进入独龙江开展工作。

贡山县工委会自开展民族工作之日起，就贯彻党中央"慎重稳进"的工作方针，在少数民族地区的工作以"团结、生产、进步"为指导，积极宣传党的民族政策，调动各方积极力量参与工作。早在 1950 年 5 月，中共怒江特区工委在上报丽江地委的《怒江特区工作报告》中就指出，首先要弄清楚各种政策并坚决执行政协共同纲领的民族政策，改善各民族经济生活，发展各民族文化教育，并提出当前阶段采取尊重各民族传统的态度，不做反宗教宣传，以开办各少数民族干部训练班，送少数民族干部到内地参观学习等为主要工作手段。

1953 年秋，全国范围内的土地改革已基本完成。云南怒江等边远地区是否也必须像内地一样搞土地改革，然后再进行社会主义改造？为此，中共云南省委、丽江地委和怒江边工委组织了民族研究学者和民族工作者，对怒江区边四县少数民族的社会历史情况进行摸底调查。综合调查情况后，怒江边工委决定以中央"慎重稳进"为边四县工作的总方针，在具体工作上以"团结第一、生产第二"为准则，

35

并广泛开展"做好事、交朋友"等活动，为政治上虽获得解放，生活却极端贫困的各民族争取更好的发展。

1954年7月至9月，针对贡山县少数不明真相群众出境的行为，中共怒江边工委、贡山县工委认真分析事件的主客观原因，采取积极宣传民族区域自治政策、说服动员、解决生活上困难、对出境人员的财物、家畜等予以保护和妥善保管，特别是揭穿境外谣言等措施，使外出的群众中途或外出不久陆续返回家乡。这些措施赢得了贡山县各族群众的信任，也为之后民族工作的顺利开展打下了基础。

1954年6月，云南省委明确了在阶级分化不明显的民族中，不进行土地改革，而是以"团结、生产、进步"作为长期的工作方针，不分土地，不划阶级，不搞阶级斗争，达到在人民政府及先进民族长期的帮助下，解决各民族的政治差异，缩小经济、文化差异，逐渐地直接过渡到社会主义。

鉴于独龙族社会发展尚处于原始公社的解体时期，土地基本上属于家族公有，生产力发展十分薄弱，因此独龙族在政治上获得新生后的首要问题是发展生产，解决贫困。地处最偏远地区的独龙江，由于交通条件限制，经常要赶在冬季大雪封山之前实施相关计划，信息通达时间和工作进展更为延迟。尽管如此，在中央"慎重稳进"方针及云南省委"直接过渡"政策的指导下，贡山县工委及独龙江区委在实践工作中逐渐摸索和积累了开展工作的方法和经验。

1956年3月8日，贡山县工委根据独龙江社会发展的实际情况，明确提出在独龙江不进行土改，不划阶级，工作步子相对更缓和一些，方法更稳妥一些，采取直接过渡到社会主义的工作方针。中共丽江地委审定同意并转报云南省委。在"慎重稳进"方针下，一方面见缝插针培养积极分子；另一方面做好头人的统战工作。所以在这个阶段，独龙江地区的工作往往是积极分子会和头人会双双进行，开了积极分子会，又开头人会，发动群众推动工作。

36

这种直接过渡到社会主义社会的跨越式发展，解决了独龙族的政治差异，缩小了经济、文化差异，使独龙族和全国人民一起走上共同发展的社会主义道路。此外，党和政府还大力培育本地独龙族干部，对农村基层政权进行改造，为独龙族实现当家作主、自治发展打下基础。

这一时期，政府还通过在独龙江组建合作社、兴修水利、开垦水田、传授先进地区的种植技术等措施，大力发展独龙江地区农业生产，提高独龙江的粮食产量。同时加大交通、民族贸易、教育、医疗卫生的发展，使独龙族群众基本摆

脱了缺衣少药、基本生活物资极度匮乏的状态，有力地扶持了整个独龙族的社会发展。

在"慎重稳进"总方针之下的"直过"政策，对安定独龙江社会秩序，疏通民族关系，巩固边防并发展生产，改善独龙族群众生产生活产生积极影响。得益于一系列的边疆民族政策及措施，从云南解放到完成民主改革和开始社会主义改造的 1956 年，是独龙江民族工作健康顺利发展的七年，被称为"黄金时代"[①]，是独龙族社会和生产处于稳定发展的时期。

 ## 互助合作促生产

1956 年 10 月 8 日，中共怒江边工委在《贡山县工委执行边工委关于对四区工作的意见》上批示：贡山县要大力加强兴修水利、开垦水田、扶持农具、积极发展贸易、文教卫生，以及水田耕作技术的具体指导，建立发展手工业等工作。[②]有上述工作方针的指引，再经过民族工作队的引导及兄弟民族帮助，独龙族群众借互助组、初级社等途径，其土地、农具等生产资料实现了真正意义上的集体制，走上了合作化道路。

 ### 工作组进独龙江

由于独龙江地处边防前哨，独龙族自古以来生活在独龙江两岸及缅甸北部未定界一带，因此，保障边境的安宁，让独龙族群众安稳下来是中华人民共和国成立后政府工作的主要任务之一。

1951 年 5 月和 11 月，中共贡山县工委先后两次向地委报告独龙江未定界有关情况，报告指出 4 月以后，随着雪山开封，缅甸葡萄县及密支那一带小商小贩及一些当地村民按传统习惯陆续入境独龙江经商、探亲访友，同时出现了外来者居住未定界及独龙江境内的情况。部分受美国牧师莫约伯控制的教徒，接二连三给独龙江的亲友写信，说他们那里生活有着落，情况较好，要亲友们也出

① 《"直过民族"再越贫困大山》，人民网——《人民日报》（海外版），引用日期：2020年 11 月 26 日。
② 《中共怒江傈僳族自治州党史大事记》，德宏民族出版社（1948.5—1998.12）。

境，使一些不明真相的独龙族群众开始向境外迁徙。针对这一情况，政府立即采取对外来人员进行登记措施，并派出专人前往坎底（当时为未定界，今属缅甸）附近的老门当（今属缅甸）一带调查了解缅方驻军之军政人员、武器弹药、宗教活动等情况。随后按照上级指示，以私人名义与独龙族开明人士开展信件交往，宣传共产党的民族政策，扩大共产党在独龙族地区的影响。

向独龙族群众发放救济粮（供图：云南省社会科学院图书馆馆藏资料）

1951年9月，中共丽江地委在怒江工委调查汇报基础上，制定了怒江特区经济文化建设草案。草案提出一系列在怒江特区开展工作的计划：一是广泛运用于内地农村的锄、犁等农具不适合在怒江地区，特别是独龙江地区使用，建议将生铁运送到当地并请铁匠协助群众在当地制造农具；二是粮食生产要提倡春耕，增加产量；三是大力发展交通。必须修整贡山至独龙江的高黎贡山小路、独龙江本区域内的小路等。随后中共云南省委、丽江地委决定以工作队（包括部队的武装工作队）的形式进入独龙江开展工作。

1952年7月，碧江武工队派工作组翻越海拔5000多米的高黎贡山，到独龙江进行开辟工作。当时独龙族社会生产力水平低下，劳动生产工具处于铁、石、木器并用的阶段。生产关系中牲畜、农具、房屋、园地已基本私有，但轮歇地和森林仍为氏族公有。土地制度有公有共耕、私有共耕、伙有共耕等几种权属和管

理方式。劳动所得不分老幼，皆平均分配。面对困难和挑战，工作队克服语言不通、民族隔阂等困难，走入密林深处，寻遍高山石崖。看到独龙族同胞缺盐，工作队带领大家在山上住了7天，挖到13.5千克黄连，想方设法换了125千克盐，分给散居在独龙江流域的独龙族群众。工作组的努力使初期对共产党和工作组心怀顾虑的独龙族群众从躲避到观望，从观望到接近，从接近到逐步信赖，一步步接纳了工作组。从此，独龙族同胞心里有话愿向工作组讲，遇到困难乐意同工作组商量，听到什么谣言立即向工作组报告。

1952年，政府先后无偿发给独龙江全乡1431把条锄、板锄，保证每一个劳动力分到2把锄头，无偿发给全乡各村公所犁头219把，耕牛36头。从1954年到1958年，仅生产工具一项，国家赠送的犁头、锄头、砍刀、镰刀、斧头、玉米脱粒机、打谷机等近4000件，平均每户9件。

中华人民共和国成立前的独龙族为寻找可耕土地、打猎场所及捕鱼河道岔口，或为逃避流疫和地震、泥石流等自然灾害，也为躲避外族压迫掳掠而四处迁徙，居住在深山老林。工作组在得到独龙族群众的信任后，趁热打铁，因势利导，培养了一批独龙族的骨干积极分子，再通过深入的发动和互相串联，将游居密林的独龙族同胞领出深山，说服引导群众搬到独龙江东西沿岸，选择较为平坦的地带支棚盖屋，建寨定居。[①]

开挖水田，固定耕地

1952年冬天，为帮助缺乏农具、口粮、籽种及不会使用铁犁的独龙族开挖水田，时任独龙江区委书记的杨世荣受中共怒江区工委的指示，率领鹤庆汉族农民蒋炳堂及贡山怒族、傈僳族、藏族、白族等民族的30多位精干农民进入独龙江，手把手教独龙族群众开挖水田，种植水稻。独龙江中游的龙元、献九当、孔目，独龙江下游的巴坡、孟顶、马库等地开挖的新水田，平均亩产150千克。

为了更好地组织群众开挖水田，独龙江区委将独龙族村民组成6个互助开田小组和多个变工队，保证水田开挖的劳动力及水田开挖后的水田管理。变工队是针对水田管理而组织的群众互助换工组，每村动员30名强劳动力自愿参加，

39

---

① 《怒江文史资料第十辑》，第168页。

共计100多人参与。这些人先是集中到学哇当学习开挖水田的经验。随后区委发给每个工人一升粮,每人一把锄头,每个行政村一头牛、一架犁。在学哇当示范之后,各村先是互相支援开挖水田,后来变成各行政村自己开田耕种。

在开挖水田过程中,在家族公有地、伙有共耕地与私人所有地上开水田时,遇到程度不同的阻碍,独龙江区委灵活务实地使用一些方法来化解这些阻碍。例如,在私人的土地上开了水田后,会以熟地与其交换。这些拿来交换的熟地,多为过去土地较多而种不完的农户和家族共耕地以及伙有共耕地,这些地也是事先与土地所有者协商后自愿拿出来给互助组进行交换的;再如,江边平地多数为各户开垦后约定俗成的私人土地,其中又数家族头人占地较多,他们不愿意开田,普通群众的积极性也就不高。针对这一情况,工作队本着"团结、生产、进步"的精神,首先开挖公有地和未被私人占有的荒地,再经过大量的工作进行商量、说服、引导头人和群众,慢慢地,才逐渐扩大到开挖私人占有的土地;此外,本地原始宗教势力也是开挖水田的阻力,大多数独龙族群众都惧怕在巫师说有鬼的地方开挖水田。工作队就发动独龙族积极分子去问巫师"鬼在哪里?""哪些地方有鬼?"并把"有鬼"的树留下来,其余地方开成水田,随后再找机会和群众解释疏通。这一时期,独龙江凡是可以开挖水田的地方都引导群众进行了开挖,截至1959年,全乡水田面积达到850亩。对已开的旱地,也提倡精耕固定,不搞盲目开荒。

由于水田是集体开挖的,因此其权属是集体所有,集体经营。稻谷收成后先分到各村,再由各村按工时数分配到各户。其中籽种由国家救济扶持。水田开挖的当年稻谷就获得丰收,单产300斤左右,独龙族人民第一次吃上了大米饭,缩短了缺粮时间两个月左右。开水田的成功极大地鼓舞了独龙族群众,过去那种砍火山地春天多晴则丰收,多雨则歉收,若阴雨连绵,一块地也烧不燃,则挨饿,不是举家迁徙,就是全年吃野菜的情况再也不会出现了。

独龙江开垦水田、固定耕地的运动是独龙族农耕历史上的一大进步,也为互助合作生产的顺利开展打下了基础。水田的开垦和耕种固定了独龙江的耕地,独龙族也开始学习施用肥料并精耕细作,初步改变了独龙族传统的轮歇耕作方式。独龙族由初期农业一跃而为犁耕农业,渔猎迅速降低为副业,群众第一次吃上了自己亲手种出的大米。

水田开垦打破了氏族内各家族土地的范围以及家族共耕界线和私有界线。独龙族传统的共耕原则有三:一是血缘集团内的集体耕作,绝无其他集团内的临

时搭伙参加；二是本家族内的人既可单独开垦也可联合几户伙耕，但外族的人必须与本血缘集团内的人共耕才能利用这种土地；三是亲戚之间联合耕种。共耕所获绝对平均分配，不计较劳力强弱。在水田的耕作中，变工队只换工互助不计工分，只计工日。有收成时按劳动日分配粮食，代替了独龙族传统的共耕关系及平均分配的习惯。这种劳动组织方式符合独龙人的互助习惯，因此深受群众欢迎。

开水田运动还改良了独龙族传统的互助观念及平均分配观念。也尝试通过不同氏族或家族群众在一起劳动，搞好团结，摒弃过往的恩怨，既为以后建立互助组准备了条件，也让劳作安排、评定工分、按劳取酬等观念在独龙族群众心里生根发芽。多劳多得既调动了群众的积极性，评工计分，又培养了独龙族的一些会计。从物质上、组织上、思想上都准备了条件，指引独龙族群众从互助组向社会主义过渡。①随着耕地的固定，工作队乘势倡导群众逐渐搬到沿独龙江两岸的江边居住，而政府则按计划逐渐发展交通，开展民族贸易、教育、卫生等各项社会服务事业。

互助合作促生产

1956年10月8日，中共怒江边工委在《贡山县工委执行边工委关于对四区工作的意见》上批示：贡山县要大力加强兴修水利、开垦水田、扶持农具、积极发展贸易、文教卫生，以及水田耕作技术的具体指导，建立发展手工业等工作。②有上述工作方针的指引，再经过民族工作队的引导及兄弟民族帮助，独龙族群众借互助组、初级社等途径，其土地、农具等生产资料实现了真正意义上的集体制，走上了合作化道路。经过民族区域自治政策宣传教育、选出代表到内地参观学习，以及眼见为实的施政效果，独龙族群众更加相信党，拥护党的领导。独龙族群众中出现了一批积极分子。而变工互助开水田的过程又培养了独龙族的集体主义思想，由按劳动日分配粮食逐渐改成评工记分，头人在群众中的影响逐渐消失。1957年2月，独龙江区委及时抓住群众的要求，在原来变工队基础上逐渐试办互助合作组。

41

---

① 《云南省怒江独龙族社会调查》调查材料之七，第37页。
② 《中共怒江傈僳族自治州党史大事记》（1948.5—1998.12）。

互助合作组人多力量大，开田挖地又有工作队按季节统一安排时间、统一进行技术指导，大家一起开田、挖熟地、挖药材，前期参加互助合作组的独龙族群众缺粮户减少，缺粮时间缩短，还有副业收入，未参加互助组的群众看到这些好处都积极要求办互助组，这样本来计划的试办变成全面办互助组，促进了独龙江互助合作运动的发展。1958 年 12 月起，独龙江先后办起了 17 个互助组。独龙族对互助合作的喜爱是发自内心的："中华人民共和国成立前一家一户砍火山地为生，无水田，劳动力又少，分配不过来。搞了薅锄，误了防兽；加上一半时间挖树皮草根，一半时间搞生产，因而年年饿肚子。办了互助组后人多力量大，兴修农田水利，政府都给予我们救济支持，也便于防兽管理。政府还教施肥种地，提高产量。"[1]

孟顶互助组是当时搞互助合作后变化最大、办得较好的村寨。全村 19 户 96 人由 6 个氏族、2 个自然村组成，孟族占总人口的 39%。中华人民共和国成立以前，除孟族 5 户 35 人勉强够吃外，其余 14 户 61 人每年缺粮 5 ~ 6 个月。互助合作后，该组有固定耕地面积 109.5 驾[2]，火山地 199 驾，自留地 24 驾，总计耕地面积 332.5 驾。在 109.5 驾固定耕地中熟地占 61.5 驾（私人入组 21 驾），水田占 48 驾（私人入组 2 驾）。全组有耕牛 16 头，能犁地 4 头，合伙私有最多一户 3 头。1961 年，有集体猪 13 头（组养），私有 60 头，合计 73 头，当年能杀肥猪 13 头。[3] 因为临江边，水田多，火山地与熟地的土地矛盾少，群众思想稳定，因此孟顶互助合作极大地促进了生产的发展，提高了群众的生活水平。

在实际工作中工作队采取以下方式调动群众生产积极性。

（1）发工分牌，每个劳力发固定工分牌 10 块，每块牌上正面写分数，背面画圈圈，识字与不识字的都明白，此举培训出独龙族第一代生产会计。

（2）工分分类制，即按作物的种类进行分类。譬如在水田、火山地、熟地（冬瓜树地）上劳动，所得工分，各记入水稻、苞谷、洋芋、荞麦等项目内，将来收获粮食就按照此项所得工分进行分配。按照此方法分配粮食的好处就是，群众可清晰地看到自己的劳动成绩，而不至于怀疑自己的工分到哪里去了。

42

---

① 贡山县档案馆资料摘抄。
② 驾：中华人民共和国成立前云南省大部分少数民族用于耕地面积的计量单位，意思是拉着犁头的一驾牛（两头）犁地一天的数量，非法定计量单位，全书特此说明。
③ 贡山县档案馆资料摘抄。

（3）打破原先的家族土地界线，由七八个氏族，两个村寨或以上的群众组成一个互助组，顺势引导群众合理安排劳动力，克服出工一窝蜂，互相等人情况。例如，拉王夺互助组把劳动力分成六个小组，即水田组 8～10 人；运输组（背）15～20 人；找野粮组 3～5 人；耕牛组 4 人；副业组 4 人；旱地组 20 余人。基本上各个组员各有所为，都有所做。

（4）"私养公用"的耕牛（有的牛是国家救济的）记工分。

（5）充分考虑独龙族饮食文化中吃青习惯，妥善处理自留地面积（1958 年至 1960 年，自留地面积有过三次调整），除了水田和入组的私有地，共耕地作为互助组的基本生产资料外，还给组员留下了自留地、自留畜，便于独龙族群众种植自己喜欢的青绿作物。1959 年，自留地的面积占总耕地面积的 6%。[①]

在独龙族传统的生产生活中，平均主义的分配观念很重，但在互助合作以来坚持按劳分配、按劳取酬、多劳多得的原则，逐渐改变了这种传统习惯。

1958 年 2 月 6 日，中共贡山县工委向边工委、地委书面报告：中华人民共和国成立后，党和政府给予了贡山县四区的独龙族群众以极大照顾，无偿供给农具、耕牛等生产资料。独龙族群众劳动力人均占有铁制农具 2.5 件，截至 1957 年 7 月，已开出水田 300 架，耕地逐步固定，采集渔猎的收入已降至总收入的 10%，生产有了发展；该区域内民族关系正常，已培养出 40 多名本地区民族干部，其中党团员 11 名。[②]

社会事业保民生

因为有"直过区"的倾斜政策，在上级的帮助和支持下，贡山县在财政困难的情况下尽力调配人力、物力、财力及技术力量帮助独龙江发展各项社会事业。财政方面有《关于改进民族自治地方财政管理的规定》《关于计算民族自治地方百分之五机动金的具体规定》，出台在资金、利润、价格补贴等方面给予优待的"三项照顾"政策等。此外，党和政府还派各民族干部和技术人员到独龙江地区传授先进的耕作技术，实行免费医疗和"三免费"的寄宿制教育，帮助独龙族追赶其他兄弟民族发展的步伐。

---

① 《云南省怒江独龙族社会调查》调查材料之七。
② 数据来源：《中共怒江傈僳族自治州党史大事记》。

民族贸易促进经济发展

　　1951年，贡山县民族贸易办事处成立。到1953年，县人民政府决定在各区建立民族贸易中心商店。时任贡山县县长的和耕同志将一位长期在贡山县境内经商，熟悉土特产品收购和仓库管理的纳西族人李华派到独龙江建立民族贸易中心商店。1953年12月25日，独龙江区民族贸易中心商店正式营业。民贸中心商店的建立，对当时只有268户2339人的独龙族群众影响很大。

　　中华人民共和国成立以前，独龙族内部虽然有贫富差距，但所谓的富裕户也仅仅是每年缺粮时间比别人稍短一些。在独龙江人人有土地，人人参加劳动，无人靠剥削不劳而获。绝大多数人家缺少生产、生活用品。砍刀、斧头、铁锅、铁三角、食盐、茶叶等生产生活必需品得历尽艰辛从缅甸勒麦夺一带，或是翻越海拔5000多米的高黎贡山到怒江沿线的丙中洛、茨开、普拉底等地的亲戚朋友家换取。大多数人家连盐巴都吃不上。虽然有极少数外地商人背运日用杂货到独龙江，独龙族群众可用麝香、黄连、贝母等名贵药材和山货土特产品换取日用杂货，但价格十分昂贵，一斤黄连才能换一根针。因此，大部分独龙族群众缺少生活必需的日用百货。

　　独龙江民族贸易中心商店开业的当天热闹非凡，连未定界（今缅甸）的边民也来了不少，李华和孔志礼（独龙族第一代营业员）招呼不过来，就请县公安局进独龙江工作的两位同志帮忙。从早上8点钟开门忙到晚上7点钟关门，一天的销售额就达8000多元人民币。以后的几年间，民贸中心商店为支持国家建设和增加独龙族群众收入，每到秋冬季节都举办药材培训班，教群众识别并合理采集药材，进行初加工，还教会群众种植黄连、制作黄樟油，使一部分独龙族群众掌握了1~2门适用技术，增加经济收入。1954年，为了解决独龙族群众生产生活的问题，党和政府派人在独龙江向独龙族群众收购了5万元的土特产，并以低于商品进价的方式向独龙族群众供应日用必需品，独龙族群众普遍吃上了盐，缺粮户也大大减少。

　　独龙江开水田那一年，商业部门也支援了15把犁头、400多把锄头，从贡山赶去7头耕牛。[1]独龙江民族贸易中心商店成立之前，除了免费发放劳动生产

---

[1] 李华：《独龙江第一个贸易商店的建立》，载政协怒江州委员会文史资料委员会：《独龙族》，德宏民族出版社，1999。

工具外，对独龙族群众的衣物救济和各种社会救济也从未停止过。譬如，1952年，独龙江地区发放寒衣救济土布352件。1953年，发放土布100件。1956年，对独龙江的寒衣救济情况为棉毯300床，线衣300件，坎肩100件，花裙甲号100幅，花裙乙号300幅，花裙丙号100幅，大襟衣400件，男单衣甲号700套，男单衣乙号300套，总计2600样。[①]

民族贸易中心商店的成立，进一步触动了独龙族的经济观念。商店建立初期，群众对商品贸易不习惯，来商店购物也总是躲躲闪闪，生怕别人看见。自己家里饲养的鸡、鸡生的蛋等宁愿送人也不愿卖给商店。为此商店工作人员和区干部一起，积极做好群众的思想动员，宣传商品生产和商品交换给生产生活带来的好处。通过宣传鼓动，来商店购买货物或出售土特产品的人数逐渐增多，缅甸边民也背着山货和药材到商店交换需要的商品，为独龙江地区商品经济的发展打下了基础。

建立学校

中华人民共和国成立以前，独龙江没有教育机构。1952年3月，独龙江区公所决定在区公所所在地巴坡创办一所小学，招收独龙族学生。区公所拨出一间简易草房为校舍，老师由派入独龙江工作的区干事和桂香同志担任。后来，上级派来唐嘉伦等几位老师，在孔目、献九当新办了两所小学。1956年，为了使初小学生就近在独龙江继续升学，上级决定在巴坡建立完全小学，正式拉开了独龙江教育发展的序幕。

1958年5月，在原怒江州州府碧江县参加怒江州教师培训的杨茂、丰耀昌、李春山等五位老师，在培训结束后，请了两位藏族民工背送学校的课本、教具，各自背着自己的行李和途中的伙食，从贡山县城艰苦跋涉5天到达独龙江，在独龙江开展教育工作。县委、县政府还专门拨了一批粮食补助巴坡完小的学生。自1952年独龙江第一所巴坡小学创办，到1959年7月第一代独龙族高小生从巴坡完小毕业。[②]

1969年至1979年十年间，独龙江有过一所中学，即贡山独龙族怒族自治县

45

① 贡山县档案馆资料摘抄。
② 杨茂："回忆独龙江第一所完小的创建"，载政协怒江州委员会文史资料委员会：《独龙族》，德宏民族出版社，1999。

第四中学，又称独龙江中学，共招 8 个班。得益于这所中学的建立，独龙江每个村寨都有了初中毕业生。1969 年，独龙江缺粮严重，导致学生没粮食带到校，学生喝稀饭半饥半饱坚持上课。学校不断向区政府（当时的公社革委会）反映，争取回销粮解决这个困难。但到 1970 年 2 月以后回销粮已无法争取。为了把学校继续办下去，区领导在没有指标的情况下，预拨 800 斤回销粮，帮助中学应急。教师们也自愿将自己的口粮、油脂交到食堂，与学生同吃、同住、同劳动。经过此事件，学校师生忍饥耐寒，集体奋战两个多月，开出了 3 亩水田和 3 亩旱地。再与孔当、孔美、肯顶、丙当等生产队协调，借到 3 亩旱地、2 亩水田，建成面积达 11 亩的学校生产基地。老师们组织学生按节令种植水稻、苞谷、黄豆和蔬菜，同时还养猪养牛，靠自力更生渡过了学校的缺粮难关。①

1968 年至 1969 年，在普及小学教育过程中，掀起"把学校办到贫下中农家门口"和"读小学不出村，读高小不出大队，读初中不出公社，读高中不出县"的办学热潮。独龙江小学发展到 16 所，高小 5 所，教职工 28 名，在校学生 490 多名。②

1969 年独龙江创办初中，1980 年 7 月停止招生。2006 年，独龙江重新开办初中，在中心完小的基础上发展成为现在的独龙江九年一贯制学校。2012 年，随着"集中办学"政策的全面推进，独龙江初中部全部撤并到贡山一中，独龙江九年一贯制学校改为独龙江中心完小。2013 年 9 月，在独龙族群众的强烈要求下，独龙江又恢复初中招生。

2009 年前，独龙江师资力量薄弱，独龙族受教育年限仅 4.7 年，文盲率高达 33.07%。③

医疗卫生及妇幼保健

据 1931 年陈应昌任菖蒲桶行政委员时编修的《菖蒲桶志》载："贡属夷人，迷信鬼神，不事医药，每年夏秋之际，往往疫疠时行，死亡甚重，甚至有一户全行死绝者……"贡山设治局于 1944 年建立贡山卫生院，是贡山境内最早的卫生管理部门，虽然自此贡山有了国家医疗机构，但独龙江地区无医无药的状况持

---

①②③ 陈万金：《艰苦创业中办起的第一所独龙江中学》，载政协怒江州委员会文史资料委员会编《独龙族》，德宏民族出版社，1999。

续到中华人民共和国成立初期。每到炎热的夏季，独龙江地区蚊蝇成群，鼠疫、痢疾、疟疾、霍乱、天花等疾病流行，甚至一年多发。疾病袭来，唯有请巫师杀牲祭鬼，死亡甚重。1924 年，独龙江流行伤寒和疟疾，献九当有的家庭无一人幸免；1946 年，独龙江流行天花；1948 年，霍乱由怒江边传到独龙江，因无医无药，疾病迅速蔓延，病亡百人以上，其中第三行政村有的人家全家病亡，无人收殓尸体，只能点燃整座房屋焚烧尸首。

中华人民共和国成立后，以部队派出的工作团和武工队为主力，把为群众防治疾病当成重要工作任务。上级给部队拨专款，配医生，发放各种疫苗和药品，免费为独龙族群众防治天花、霍乱、疟疾和各种地方性传染病。①

医疗队为独龙族妇女诊治（供图：云南省社会科学院图书馆馆藏资料）

1951 年，丽江专署在医务人员极为不足的情况下，仍然派了一个巡回医疗队到贡山开展妇女病防治工作，宣传妇幼保健知识、防治疾病和开展新法接生等工作。1952 年 10 月，贡山县人民政府建立卫生院，兼管卫生行政。1953 年，

① 杨德馨：《二十三年来怒江边防建设概况》，载《怒江文史资料选辑》第十辑，1988。

县卫生院派乔清文、杨丽泉两位医护人员举办了第一期接生员、卫生员培训班，指导训练独龙江各行政村选送的几位青年，学打针及常见病的防治，指导妇女搞好"四期"（经期、孕期、产期、哺乳期）卫生保健，宣传普及新法接生。

中华人民共和国成立以前，独龙族妇女不懂经期、孕期、产期、哺乳期的卫生知识，月经来时任其自流。传统独龙族文化认为妇女在室内生育不干净，所以独龙族妇女要在室外生育。妇女生小孩时，或是吊着生，或是站着生，割脐带用未经消毒的竹片、瓷碗片等，将生下来的孩子洗净才能抱入室内，新生儿大多数因感染而死亡。许多妇女因难产、产后大出血、产后感染而死亡。有的则因为在生产期得不到妥善的治疗和护理，而患上各种妇科病，如子宫脱垂、月经不调、尿瘘、产后感染等疾病，由于无医无药，患者长期得不到医疗，妇女健康毫无保障。

中华人民共和国成立以后，政府逐步加强妇女生育健康工作，自1951年开始进行妇女病的防治。1953年，刚刚成立不久的县卫生院把新法接生工作纳入议事日程，3月，县卫生院培训新法接生员42名。

1954年，人民政府在独龙江所在地巴坡建立了独龙江的第一个卫生所，随后又先后在龙元、献九当和孔当设立了医疗点。边防部队专设1~2名军医和相应的卫生员，常态化为独龙江群众巡诊，免费送医送药上门，得到独龙族群众的爱戴与拥护。

独龙江乡中心卫生院建于1955年10月，地址在今巴坡村。因独龙江地区与缅甸毗邻，卫生所成立后，医疗服务辐射整个独龙江地区的独龙族群众，对当时中国、缅甸两国未划定国界的人民产生了很大的政治影响，使他们对中国共产党和中华人民共和国留下了良好的印象。

48

1956年8月23日至10月18日，贡山县卫生部门在县城举办了4期"卫生训练班"宣讲基础卫生知识。1957年，独龙江卫生所为独龙江干部、群众注射各种疫苗2668人次。1958年，独龙江卫生所为独龙族干部和群众注射疫苗2140人次，治疗各种疾病33434人次。[1]

1959年以后，卫生部门在独龙江地区长期坚持"预防为主""预防和治疗相结合"的方针，结合生产运动发起群众性爱国卫生行动，并主动到独龙族群众家耐心说服，送药治病。当时独龙江盛行祭神祭鬼，祈求神灵消灾，医疗卫生

---

① 数据来源：《贡山独龙族自治县卫生志》（原始稿）。

工作在帮助独龙族群众摒弃迷信和疏通民族关系上起了桥梁作用。在这一时期，卫生部门帮助独龙族培养了一批本民族的初级医务人员。

1959 年，从昆明卫校毕业的陶学仁被分配到独龙江，1962 年，被正式任命为卫生所所长。1962 年，从昆明卫校毕业的王凤立被分配到独龙江卫生所工作，陶学仁所长则在为修路队的医务室工作期间，不幸罹难于滚石之下。卫生所的 5 名医护人员全都来自内地，其中三位分头到一、二、三乡设立医疗点，长期在医疗点工作。医疗点工作条件差，工作艰苦，粮食和药品都由区卫生所派人按月送到医疗点。

1966 年 6 月，由怒江州医院赵一轩副院长带队的医疗队一行 5 人到独龙江巡回医疗，北到迪政当的克劳洛村，南至中缅边界线上的钦郎当村，历时 4 个月，医疗达 8000 多人次。1970 年，由眼科专家、外科研究生、妇产科主治医师组成的上海医疗队一行 6 人来到独龙江巡回医疗，历时半年，医疗队为白来村的 6 位村民切除了甲状腺，其中最大的一个肿囊有 3 千克重，为独龙族群众解除了病痛。医疗队到贡山巡回医疗期间，帮助贡山县医院自制蒸馏水、大输液。同年，县医院建立制药厂，自制中草药制剂。上述医疗队到独龙江巡回医疗，为进一步团结独龙族群众，巩固国防，推行建政等发挥了很大的作用。

1972 年，上级人民政府专门为独龙江卫生所拨发专款，建立了门诊部和手术室，配备了 X 光机、氧气瓶，还购置了骨科器械包、腹部刀包、眼科刀包等大批医疗器械，卫生所工作大有改观。不料 1975 年 12 月的一场大火烧毁了这一切。后在上级部门支持下逐渐恢复改善。独龙江卫生所自 20 世纪 60 年代起就重视中医和中西医结合治疗。1975 年，县医院刘云先医生到独龙江进行中草药调查，他一边考察中草药分布情况，一边培训独龙江中草药乡村医生，以中草药、火罐、针灸治疗知识为内容，共培训了 13 名独龙族乡村医生。[1]

49

1989 年，贡山县妇女的子宫脱垂、尿瘘两病连治取得了突破性进展，经云南省卫生厅考核验收，对患有 "两病" 的妇女随访率达到 100%，子宫脱垂治疗率达到 96.88%，尿瘘治愈率达到 100%。[1] 1993 年后，卫生部门在全县有条件的村寨，大力宣传妇女围产期保健知识，开展婚前保健、产褥期保健，降低难产发生率和孕产妇死亡率。

---

[1] 王凤立：《独龙江卫生工作的回顾》，载《怒江文史资料选辑》第十八辑，1991。

社会救济及灾害救济

社会保障是社会安定的重要保证，各项社会保障制度、民政赈灾救济工作，是解决民生问题的重要途径之一。中华人民共和国成立以来，贡山县的民政工作主要从拥军优属、优抚安置、社会救济、灾害救济四个方面进行。不同时期国家社会保障政策是生产生活处于贫困状况的各族群众基本生活的保障。国家一直尽其所能对生活在贫困线上的独龙族群众进行的民政救助则为独龙族特困群众解决生产生活之需。

对于生活在独龙江的独龙族来说，中华人民共和国成立以来，根据独龙族的社会发展状况，不仅免除了独龙族人民的公粮、税收，每年还通过社会救济、灾害救济等措施解决独龙族的生产、生活困难。

独龙江 1962 年社会救济统计目录为灾害救济费，边民回归救济费，缺乏衣被救济，等等。1963 年社会救济及福利支出目录为灾害救济；春夏荒救济；五保户救济；边民回归人员救济；寒衣救济。1964 年进行自然灾害救济；口粮救济；穿衣救济；回归人员救济。[2]独龙江地区 1952 年发放寒衣救济土布 352 件，1953 年发放土布 100 件。1956 年发放棉毯 300 床、线衣 300 件、坎肩 100 件及花裙、单衣、大对襟衣共计 2600 样。[3]根据不同年份的具体情况，社会救济涵盖了独龙族群众生产生活的方方面面。

1975 年 12 月，独龙江乡政府驻地发生特大火灾，大雪封山期间需要的商业物资和粮油被烧毁，县委、乡政府召开紧急会议，动员全县民工和机关职工组成 19 个运输连，抢运独龙江雪封山期间的物资，省、州政府拨放救灾救济专款 5 万元。经过 20 天的紧急奋战，将全部物资运送到独龙江乡，保证了大雪封山期间独龙江乡群众的生产、生活物资。

1992 年 12 月，刚刚运送到独龙江乡政府驻地巴坡村用于雪封山期间的粮食及各类物资，由于粮管所一名职工的疏忽，引起特大火灾，粮油 30 多万千克，各类物资 25 万千克及房屋 9 栋 66 间被烧毁，直接经济损失 244 万元。这

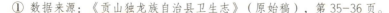

① 数据来源：《贡山独龙族自治县卫生志》（原始稿），第 35—36 页。
② 贡山县档案馆资料摘抄。
③《贡山独龙族怒族自治县志》，民族出版社，2006，第 229 页。

次救灾，贡山县各级共出动干部职工 1035 人，民工 400 人，运输骡马 4000 匹及 300 名的后勤队伍，经过 15 天的努力，将 21.4 万千克粮食、商业物资运抵独龙江巴坡，社会各界也积极捐款捐物，向独龙江捐助救灾物资及救灾款 17.5 万元，支援受灾的独龙江。①

虽然 1999 年贡山县就开展了城市居民最低生活保障制度，但直到 2007 年这项工作才开始在农村全面实施。当时低保覆盖面窄，补助金额少，2007 年全县仅有 2879 户 9000 人享受农村低保，分三个档次 40 元 / 月 / 人、30 元 / 月 / 人、20 元 / 月 / 人。2008 年增加到 6454 户 16000 人，标准也提高到 60 元 / 月 / 人、50 元 / 月 / 人、40 元 / 月 / 人。②之后每年低保覆盖面不断扩大，补助金额也在上调。

2007 年以前，贡山县民政局在农村主要开展赈灾、救济、"五保"供养等活动。作为边远的独龙江，每年大雪封山之前，民政部门都会优先组织骡马将御寒物资、救济粮等生活物资运往巴坡，保障独龙江 4000 多居民的基本生活。

 人马驿道

由于自然地理偏僻、社会发育程度低、经济发展严重滞后，独龙江乡一直是全国最偏远、最封闭、最贫困的乡镇之一。交通历来是制约独龙江发展的最大瓶颈。

中华人民共和国成立以前，居住在独龙江流域的独龙族群众如果要到贡山县城，只能靠双脚走着去。一路上要沿着陡峭的步道，爬石崖攀天梯，翻越海拔 5000 多米的高黎贡山才能到达，来回要花半个多月的时间。

1963 年底开工的贡山县城到独龙江 65 千米的国防驿道，国家投资 20 万元，驻贡山的边防部队及县内各区群众约 600 人，共投入 24 万个工日，历时 10 个月，于 1964 年 10 月完成。1965 年 10 月 15 日，由 15 匹马组成的贡山县国营马帮队，第一次驮着独龙江群众急需的物资到达独龙江巴坡。

51

① 《贡山独龙族怒族自治县志》，民族出版社，2006，第 231 页。
② 数据来源：《贡山独龙族怒族自治县志》（1978—2008）（送审稿），第 460 页。

独龙江过江溜索（供图：云南省社会科学院图书馆馆藏资料）

　　"人马驿道"没有修通以前，每年要从贡山县城调运 2.38 万千克的粮油供应独龙江，全靠人背肩挑，按人均负荷 25 千克计算，每年需要 80 人左右的强壮劳力，连续 4 个多月才能完成独龙江的粮油运送任务，非常艰辛。1964 年"人马驿道"修通后，独龙江才结束了人背肩扛、跋山涉水的历史，进入了马帮运输的时代。

　　为保障独龙江群众基本生活需要及政府机构工作运转正常，每一年大雪封山之前，独龙江全乡 4000 多人的生产生活必需物资约有 70 万千克，全靠人背马驮抢运就位。每一年除组织本县的 400 多匹骡马和几百名农民工背运外，还得向外求援 500 匹骡马和大量的民工协助抢运。每年用于这一专项运力（民工和马匹）的补助粮食共需 29 万千克左右（属国家专项平价粮食指标）。有一年由于国家调整了平价粮油销售范围，取消了这一项专项指标，使独龙江的物资运输工作面临较大困难，造成驮马缺饲料，再加上当年雨水过多，出现驮马死亡情况。[1] 正常情况下，马帮运输的成本也非常大，1979 年至 1990 年，贡山县共计死亡驮马 739 匹，年平均死亡驮马 67 匹，1980 年最多，死亡驮马 105 匹。[2]

---

① 贡山县档案馆资料。
② 《贡山独龙族怒族自治县志》，第 349—350 页。

这条人马驿道的开通，是独龙族经济发展阶段上的又一个节点。它终结了独龙江与外界的物资交流完全靠人背的历史，在独龙族社会经济发展中起着重要的作用，是独龙族与外部世界联系的重要线路，马帮运输一直持续到2000年前后。独龙江历史上曾经发生过两次特大火灾，人马驿道在救灾抢运物资方面的作用彰显，当时这条人马驿道上的雪山垭口积雪已达1米多深。雨雪交加的情况下，最好的办法是实施分段突击运输，将运输全程分成五段四站，各站由粮食、商业、公安、武警、医务等方面的人员组成，每站约15人。五大机关的领导分兵把口，每人负责一个路段。交通、民政、商业和粮食等部门出动了所有的干部职工，昼夜加班。这次抢运救灾物资当中，由于严寒和疲劳，加上路途艰难，导致近千人受伤患病，其中4人精神失常，死亡1人。①

此时的独龙江，交通依然是制约其发展的最大因素。

马帮翻山越岭驮运物资（供图：云南省社会科学院图书馆馆藏资料）

53

① 周赛江：《八方支援，战胜特大火灾》，载云南省怒江州委员会文史资料委员会编《独龙族》，第315页。

深山走出脱贫路

云南人口较少民族脱贫发展之路

加快贫困地区发展，扶持贫困地区群众改变贫穷落后状态，使他们过上幸福日子，是党中央、国务院一直坚持的方针。在 1986 年以前，中国在贫困地区主要以社会救济、灾害救济的方式，为贫困地区的群众提供生活所需的生产工具、种子、粮食、衣物等物资。1986 年，中国成立了第一个专门的扶贫机构——国务院贫困地区开发领导小组，开启了中华人民共和国在全国贫困地区定点扶贫的历史。

处于深山之中的独龙江也和全国其他贫困地区同步开启了扶贫发展的历程。

从独龙江乡地缘政治角度审视，加快推进独龙江乡和独龙族的发展，既是一个经济问题，更是一个政治问题。独龙族的脱贫发展、经济发展，既保障独龙族群众生活稳定向好、社会和谐，也确保边境安宁、国土安全。

 ## 生态保护与区域扶贫

自 1999 年起，国家实施旨在振兴边境、富裕边民的兴边富民行动。根据省委民族工作队在独龙江乡所做的社会经济情况调查，制定了独龙江三年规划项目，主要涉及交通和能源的基础设施建设；农业、畜牧业生产与科技推广；安居温饱和部分群众搬迁；学校、医疗卫生、广播电视设施建设等。易地扶贫开发、退耕还林政策实施、人口较少民族脱贫规划等一系列政策和项目惠及了独龙族的全面发展。

 ### 天然林保护和公益林建设

根据国家的部署，贡山县自 1999 年起进行天然林保护和公益林建设工程试点，2000 年完成实施方案并在全县铺开实施，独龙江整个流域全部列为天然林保护的范围。2000 年 12 月，国家林业局正式宣布，国务院已经批准了天然林保护工程的实施方案，就此启动了贡山县规模巨大的天然林保护工程。贡山境内管

护面积 26.2 万公顷，独龙江保护面积达 1997.2 平方千米。自 1999 年天然林保护试点以来，独龙江乡在 2002 年、2003 年两年内完成 55485 亩的公益林建设任务和 1997.2 平方千米的森林管护任务。[①]

天然林保护和公益林建设项目推动了独龙江的生态恢复与森林资源保护。但也出现了一些问题，如：划定的保护区内贡山大额牛（俗称独龙牛）的养殖、繁殖受影响，野生动物造成农民粮食损失与人身伤害，农民烧柴与建房材料受到限制，等等。

易地扶贫开发

贡山县政府根据《国家八七扶贫攻坚计划》，以及党的十五届三中全会《中共中央关于农村和农村若干重大问题的决议》"对极少数生存条件极端恶劣的贫困群众可以有计划地实施移民开发"之精神，以及《云南省人民政府关于实施易地开发扶贫的决议》《关于对贡山县县内易地开发扶贫项目建议书的批复》（云异办〔1999〕22 号）等有关政策精神，制定了《贡山县独龙江乡易地开发扶贫项目实施方案》。该项目由国家和省易地扶贫资金扶持，怒江州扶贫办牵头，省、县扶贫部门参与，由贡山县扶贫办具体负责项目实施。

规划的项目内容包括以农田建设、交通建设、人畜饮水项目、通电工程、通信工程、市场建设、种植业和畜牧业为主的经济发展项目，以及易地开发扶贫项目、文化教育发展项目、医疗卫生建设项目、广播电视建设项目、科技培训项目等。

党中央一直牵挂着独龙族群众，1999 年，在高黎贡山 3000 多米的雪线上，国家投资 1 亿多元修通全长 96 千米的独龙江简易公路，从贡山县城出发，汽车七八个小时即可到达独龙江，独龙族有了自己的公路，告别了人背马驮的原始运输时代。但这条简易公路路面等级低，每年冬季大雪封山期间，交通中断，群众出行仍然不便，交通依然是阻碍独龙族更好发展的一个主要因素。

2002 年，乡政府驻地从巴坡村搬迁至孔当村后，中国移动云南公司克服重重困难，为乡政府驻地开通了 GSM 移动通信网络，结束了独龙族不通电话的历史；实现了"村村通"卫星移动电话目标，结束了独龙江自古以来信息不畅的历史。

---

① 李金明：《云南民族地区发展报告》，第 174 页。

随后，以乡政府所在地孔当为交通辐射中心，加快推进乡村公路建设步伐。先后进行了"村村通"一期、二期工程建设项目，完成了乡政府至最南边的马库村及最北边的迪政当村的乡村公路建设任务，实现了独龙江南北村村通公路的目标。2007年，启动了马库村至中缅41号界桩的边境公路建设工程。

独龙江这个时期的易地开发项目主要是把部分居住在高山或交通极不方便村寨的独龙族群众搬到江边一带，相对集中连片安置；把丧失生存条件的贫困人口搬迁到土地富裕的村寨。项目受益群众864户4126人，其中易地搬迁349户1621人，就地扶贫开发515户2505人。项目实施后，解决了以往生活条件极不方便的迪政当村向红社28户、孔当村20户、巴坡村斯拉洛社19户的困难。

然而，由于原项目规划的人畜饮水、交通、农田、水电等基础设施建设滞后，项目建成后最初的一段时间对群众生活有一定影响。尤其是农民搬迁到新址，无地耕种，房屋建盖时没有安排养家畜家禽的地盘等问题，导致部分群众不愿意在安置地居住，觉得原址更有利于生产、生活。

保护生态环境，退耕还林还草

2002年9月，时任云南省副省长黄炳生在怒江州府六库召开专门研究贡山县独龙江乡扶贫开发问题的会议。会上提出了针对独龙江乡的三大扶贫开发任务和目标，即要保护好独龙江良好的生态环境；要调整好产业结构；要保护好特有的独龙族文化，把民族文化和生态旅游结合起来。并提出从四个方面推进独龙江的发展：第一，以退耕还林发展林产业；第二，发展以养猪、养羊、养独龙牛为主的畜牧业并逐步培育成支柱产业；第三，以沿江、沿路为主，相对集中居住，就地安置的原则，实施搬迁和安居工程；第四，集中力量抓紧独龙江乡村公路建设。力求从根本上解决独龙族生存与发展的问题。

2003年开始实施的《独龙江乡1.4万亩退耕还林项目实施方案》，是贡山县根据党中央、国务院关于实施西部大开发战略及加快生态环境建设的总体部署，落实"退耕还林（草）、封山育林、以粮带赈、个体承包"的精神，针对独龙江而制订的方案。贡山县委、县政府、贡山县林业局、独龙江乡党委是项目制定的主导方，主要由县政府负责实施，县林业局、粮食局、财政局、畜牧局等相关部门配合。退耕还林农户的登记造册、医疗教育补助兑现工作具体由林业局退耕办负责，粮食补助兑现工作由县粮食局负责。

退耕还林在独龙江取得了较好的效果，主要表现在独龙江流域的植被得到恢复，水土流失减少，森林覆盖率恢复到 77.2%；退耕的独龙族群众得到国家的退耕还林补助粮食（175 千克/人）和经济补偿（50 元/亩），独龙族群众的缺粮问题得到了彻底解决；退耕还林的实施还为今后农村科学合理利用土地并调整产业结构提供了可能性。

但是，在项目实施初期，群众有一些担忧。譬如，担心退耕还林钱粮兑现期限短，退耕还林时种下的林木短期内还不会产生经济效益，群众可能面临吃粮无着落的情况等。群众的这种担心随着国家政策的调整得到了缓解。退耕还林政策在 2007 年至 2013 年延长一个周期的补助；2016 年又延长一次。2016 年开始按 105 元/亩直接补助，其间 2014 年公益林也被纳入补偿范围。

 ## 人口较少民族脱贫规划

2000 年第五次全国人口普查，独龙族被列入全国 22 个人口较少民族、云南省 7 个人口较少民族之列。云南省委、省政府下发《关于采取特殊措施加快我省 7 个人口较少特有民族脱贫步伐的通知》，该通知明确以下针对人口较少民族的扶贫发展措施：实施温饱和农业产业化扶贫工程；实施基础设施建设扶贫工程；实施科教扶贫工程；实施民族文化扶贫工程；实施人才培养扶贫工程。

2002 年 11 月 19 日，贡山县委、县政府专门成立了"贡山县较少特有民族扶贫规划领导小组"，由时任贡山县县长高德荣同志任组长，各有关部门负责人参与。贡山县规划了 2003 年至 2010 年贡山县独龙族脱贫发展项目规划，内容包括基础设施建设规划共 8 项，以及安居工程建设规划、广播电视建设规划、生态建设项目、教育项目、卫生项目、文化建设项目、经济发展项目、科技培训项目、通信工程项目九大项目。整个规划覆盖了独龙江乡 6 个村委会 41 个村民小组和丙中洛乡双拉村小茶腊小组，规划项目内容分为 10 大类 40 项，涉及水、电、路、通信、住房、科技、教育、文化、卫生等基础设施建设和生态建设。

2003 年 4 月 24 日，贡山县委、县政府专门成立了"贡山县独龙族、怒族两个较少特有民族脱贫发展工作领导小组"，由县委副书记任组长，一位副县长任副组长，县里 15 个部门负责人和独龙江党委、政府等部门负责人参与，专门针对独龙族、怒族开展扶贫工作。

2003 年至 2010 年，贡山县独龙族脱贫发展项目规划内容虽然涉及十大类

40项，实际工作中却首先集中力量解决了涉及独龙江6个村民小组普遍急需的水、电、路、通信、广播电视、教育、医疗卫生、民居，其次探索了农业生产中种植业、养殖业的新模式。

涉及6个村民小组的基础设施建设主要有怒江州计委牵头，省、县计委参与，贡山县交通局具体负责实施的连接6个行政村的乡村公路建设。2005年，乡政府孔当往南至马库村的乡村公路修通，往北至迪政当的乡村公路陆续启动修建。独龙江内连接6个村的乡村公路的修建对进一步提高独龙族群众的生产、生活水平有巨大的促进作用，乡村公路的陆续修建完工，使村民在乡内告别了人背马驮走山路的历史，逐步进入汽车运输时代；怒江州水电局牵头，贡山县水利局负责实施，在孔当、献九当、龙元、迪政当、马库、巴坡6个村公所所在地修建小型水电站，解决了村公所附近群众的生活照明用电；贡山县农业局组织实施，新建人畜饮水池、新建田间排水渠道等。截至2005年，完成人畜饮水工程26项，饮水池143个，新建加固田间渠道17条。受益群众达26个村民小组，404户1042人，解决3708头牲畜的饮水问题；国家扶持，企业投资的通信工程，2005年乡政府所在地通移动电话。独龙江乡结束了无电话的历史，一步跨入数字移动通信时代；贡山县广播电视局负责实施的独龙江新建广播电视站和卫星电视接转站。独龙江6个村委会安装了电视地面卫星接转站以及广播设施，独龙族群众实现了与全国人民同步收听广播、收看电视的梦想。

在全乡组织实施安居温饱和易地搬迁工程中，经过几年的努力，2005年年底，孔当村和巴坡村201户999位村民的安居住房问题得到解决。

贡山县教育局具体负责实施，独龙江乡九年一贯制义务教育教学楼建设；独龙江各行政村小学基础设施建设；实施"两免一补"教育；农村成年人文化技术学校建设。这些项目的实施，使独龙江适龄儿童都能够在乡内就近入学，九年制义务教育使独龙族孩子一般都能上到初中。除了乡中学和各行政村小学的建设，还新建了砖木结构的腊配希望工程小学，新建了龙元扶贫义务工程学校，维修了献九当、肖切、白利、迪政当、向红、麻必洛等村小学。

59

县卫生局负责实施医疗卫生发展项目，在独龙江乡政府驻地孔当村建立了独龙江乡第二门诊部，使乡一级医疗卫生基础设施得到部分改善。村级医疗卫生设施有机会改善，另外五个村都建了村卫生室，解决群众看病难的问题。

为了解决独龙江传统农业生产中种植、养殖单一，经济效益不高的问题，种植业引进的农作物有脱毒马铃薯、优质黄豆、高产玉米、优质水稻等；引进的

经济作物有草果、黄连、董棕树、大棚蔬菜等。脱毒马铃薯、高产玉米、优质黄豆的种植效益很好，有效帮助农民实现了增收。高产水稻在气候条件优越的孔当村、巴坡村、马库村、献九当村效益明显。大棚蔬菜开始一两年效益不错，之后由于管理技术复杂等原因，大部分群众没有坚持下来。养殖业引进外地羊、牛、猪、鸡品种的同时，尝试在独龙族农户中带入滚动式发展理念，怒江州农业局牵头，省县农业部门参与，贡山县农业局和畜牧局具体负责实施直接放贷山羊种羊、黄牛种牛给村民，山羊、黄牛发展的部分归自己，而种羊、种牛的本钱需还贷。该项目实施下来实际效果不理想。主要是由于当时的养殖管理技术不到位，兽医技术水平跟不上，种羊、种牛大部分患病死亡，农户无能力还贷（种羊、种牛）。另外村民反映从外地拉来的黄牛中公牛数量偏多，且经过长途运输精神萎靡不振，因此影响了黄牛的繁育，而且养殖过程中村民发现黄牛的抵抗力没有本地品种独龙牛好，觉得黄牛不适合独龙江的生长环境。因此，以种羊、种黄牛为切入口尝试在独龙族中引入滚动式发展理念的效果不理想。

虽然经过 20 多年的区域扶贫，独龙族在生产生活、教育、交通、通信、社会保障等方面得到了较大的发展，但是，此时的独龙江依然封闭，独龙族依然没有完全摆脱贫困。

2009 年末，独龙江乡仍然有 12 个自然村（350 户 1245 人）不通公路；31 个自然村（896 户 3306 人）不通电，通电率仅为 29%；31 个自然村 789 户 1879 人饮水未达卫生标准；群众与外界联系渠道少，处于较为封闭状态；农业生产没有支柱产业，独龙族群众没有稳定的经济收入来源；独龙族群众自我发展能力弱，大部分人吃粮基本靠返销粮、退耕还林补助粮；花钱靠农村低保，人均经济纯收入仅有 916 元，处于整乡、整族贫困的状态。①

60

---

① 数据来源：独龙江乡政府提供的《2010—2014 年度云南省怒江州贡山县独龙江乡整乡推进独龙族整族帮扶工作总结》。

独龙江乡整乡推进独龙族整族帮扶

  2009 年，时任中共中央总书记胡锦涛同志在云南考察时明确指出："进一步加快人口较少民族脱贫致富步伐。"温家宝总理特别就反映独龙族出行难的报告作了重要批示，要求解决好独龙族的交通问题。2009 年 10 月 12 日至 13 日，时任中共云南省委副书记李纪恒带领省直相关部门主要负责人，与上海合作交流办亲临独龙江乡调研，在全面深入了解独龙江乡的独龙族群众生存状况和贫困现实情况之后，决定启动独龙江乡整乡推进独龙族整族帮扶工作。随后，云南省委、省政府召开专题会议，研究部署了独龙江乡整乡推进独龙族整族帮扶综合发展工作。明确要求经过 3 ~ 5 年，使独龙江乡和独龙族经济社会实现跨越式、可持续发展，编制了《云南省贡山县独龙江乡整乡推进独龙族整族帮扶综合发展规划（2010—2014）》。2010 年 1 月 19 日，在党中央、国务院和中央领导同志的亲切关怀下，在国家发改委、国家民委、上海市、中央定点扶贫单位以及社会各界力量的大力支持下，云南省委、省政府在昆明召开独龙江乡整乡推进独龙族整族帮扶专题会，从省级层面正式启动独龙江乡整乡推进独龙族整族帮扶工作，拉开了向贫困宣战的序幕。

  《云南省贡山县独龙江乡整乡推进独龙族整族帮扶综合发展规划（2010—2014）》的内容涉及广泛，包括以村为单位，集中连片建盖房屋，修通村级公路，等等。具体完成独龙江 6 个行政村独龙族群众的安居温饱、基础设施、产业发展、社会事业、生产技能、生态环境保护与建设六大工程。基本稳定解决独龙族群众的衣、食、住、行的需求，为独龙族实现经济社会跨越式、可持续发展打下基础。

主要资金来源于中央、省级有关部门、上海对口帮扶、部队和参与企业。怒江州先后抽调 118 人次，组建独龙江帮扶工作队，进驻独龙江乡 6 个村民小组 26 个自然村，全力以赴开展帮扶工作。截至 2014 年末，全面组织实施完成了独龙江乡整乡推进独龙族整族帮扶的六大工程。

  针对独龙江乡区域性贫困、独龙族整族贫困，2010 年，由云南省委、省政府牵头专门成立了独龙江帮扶工作领导小组，在省级层面编制帮扶方案，由 32 个省级部门承担项目资金落实，并汇聚上海市帮扶资金和人才力量，实施独龙江乡整乡推进独龙族整族帮扶的六大工程。总共投入资金 13.04 亿元，在全国开启

了以建制乡和民族整体为对象进行综合扶贫的新模式。

 安居温饱工程，提升生活质量

　　投资 1.34 亿元建设沿江的 26 个居住安置点，解决 1068 户 4132 名独龙族群众的居住问题。在房屋建盖过程中，独龙族群众积极参与备沙备料，背运沙石。自 2012 年始，独龙江乡 6 个村民小组的独龙族群众陆续搬入新建的安居房中，至 2014 年 10 月，26 个安置点的安居房全部建成，所有村民都搬入了新房。[1]截至 2014 年底，独龙江共撤并村庄 15 个，集中建设完成 26 个安置点永久性框架结构安居房 1068 套，安置独龙族群众 4132 人。安居房配套水、电、路、厨房、活动室、卫生室、篮球场、公厕和洗澡室等设施，极大地提升了独龙族群众的生活质量。

 基础设施建设，夯实发展基础

 改建独龙江公路，保障四季通达

　　2010 年开工建设的独龙江公路改建工程，总投资 7.8 亿元，路线全长 79.982 千米，其中，新建隧道 6.68 千米，比原有公路缩短 16 千米。共铺筑沥青路面和水泥路面 150 千米、人马吊桥 11 座、三级客运站 1 个，公路等级从无等级砂石路改造完成为 3 级柏油路。2014 年底，独龙江高黎贡山隧道正式通车，独龙族彻底结束了半年大雪封山与外部世界隔绝的历史，实现了村村通柏油路，组组通公路，跨江跨河有大桥的交通网络。

电力改造，点亮千家万户

　　2011 年，南方电网进入独龙江，架设 20 千伏输电线路 112 千米、改扩建电站 1 座，电力装机累计达到 1600 千瓦，比 2009 年增加 960 千瓦；架设农网线路 127 千米，比 2009 年增加 112 千米；安装一户一表 1068 户，比 2009 年净增 1068 户；安装变压器 45 台，比 2009 年末净增 42 台；农网覆盖全乡所有 6 个村委会 26 个自然村 1068 户，比 2009 年净增 920 户；架设程控光缆 160 千米，较

---

[1] 数据来源：《2010—2014 年度云南省怒江州贡山县独龙江乡整乡推进独龙族整族帮扶工作总结》。

2009 年末净增 160 千米。2012 年，独龙江乡实现户户通电；2014 年，我国首个 20 千伏峡谷孤网在独龙江投运，解决了独龙江的用电问题。

通信网络，沟通外部世界

中国移动云南公司在独龙江建设移动电话基站 8 座，较 2009 年末增加 2 个；广播电视户户通建设完成 1068 户。2014 年 6 月 22 日，中国移动云南公司宣布在怒江独龙江乡开通 4G 网络，这是云南省首个开通 4G 网络的乡镇，标志着独龙江信息化又一个全新时代的到来。从此，程控电话、宽带网络、移动 4G 通信，农村金融服务营业网点为独龙江与外部世界沟通提供了有力的支持。

促进产业发展，拓宽收入渠道

立足独龙江自然资源优势，大力发展草果、重楼、花椒、独龙牛、独龙鸡、独龙蜂等特色种植养殖业，着力拓宽独龙族群众增收和脱贫致富的门路，独龙族每家每户都有了增收致富的产业。截至 2014 年末，累计完成草果种植 40000 多亩，较 2009 年末增加 20000 亩；核桃种植 5000 亩，较 2009 年增加 2000 亩；新增重楼种植 2000 多亩；新增独龙蜂养殖 3000 多箱；投放独龙牛 520 多头，建成独龙原鸡保护和扩繁基地 1 个，草果加工厂 1 个。

生产技术培训，提高生产技能

项目累计完成农村实用技术、本土旅游人才、文明生活、乡村干部、教师、医生、农技人员培训等共计 25464 人次，培训驾驶员 100 名。独龙族劳动力素质快速提高，献九当、龙元、马库出现了草果、中草药专业收购户。截至 2014 年末，独龙族农村从业人员中，从事旅游和餐饮服务的有 45 人，从事车辆运输的达 120 人，愿意外出务工的有 250 人，从事加工业的有 10 人，个体经商的有 300 人，从事手工艺品制作的有 56 人，占到独龙族劳动力总数的 35% 以上。目前，全乡有机动车 771 辆，共有驾驶员 635 人，从事旅游餐饮服务的达 100 余人、车辆运输的有 120 人、外出务工的有 250 人、加工业的有 10 人、手工艺品制作的有 100 人、个体经商的有 300 人，超过独龙族劳动力总数的 40%。

63

深山走出脱贫路 云南人口较少民族脱贫发展之路

 社会保障事业，确保生活安康

自 2009 年至 2014 年，独龙江乡整乡推进独龙族整族帮扶教育项目共投入资金 1093 万元，分别用于独龙江九年一贯制学校教学楼、学生宿舍、食堂、教师廉租房；龙元小学学生食堂，巴坡小学学生食堂，钦郎当小学教学楼、学生食堂、学生宿舍的建设。

截至 2014 年末，独龙族小学生入学率、巩固率和升学率连续五年均保持 100%，全族人均受教育年限 5 年，较 2009 年提高了 0.3 年；学校教育用房建筑面积达 8500 平方米，较 2009 年增加 6000 多平方米；2015 年，独龙江乡的平均受教育年限已由 2009 年的 4.7 年提升到了 5.3 年。2017—2018 学年，独龙江乡小学入学率 100%，初中毛入学率 102.2%，义务教育阶段辍学率为 0。[①]

全乡共有医技人员 21 名，医疗卫生用房建筑面积 2679 平方米，比 2009 年末增加 1500 平方米；有病人床位 20 个，较 2009 年新增 10 个床位。2012 年 6 月 4 日至 7 日，独龙江乡辖内所有适龄儿童第一次全面接种疫苗。

文化事业方面，新建了独龙族第一座博物馆、1 个乡文化站、2 座占地面积 4500 平方米的群众性文体活动广场、26 个村民文化活动室、26 个篮球场，组建了 6 支农民文艺演出队。独龙族歌手阿普萨萨第一次在全国性比赛中获得冠军并参加了 2013 年春晚演出。

 生态环境保护，推动可持续发展

完成封山育林 3 万亩，新建薪炭林 1.1 万亩、节柴灶 1015 眼、沼气池 58 口。

全面实施退耕还林还草和陡坡地治理、封山育林、"怒江花谷"等生态修复工程。深入推进节能降耗，开展"以电代柴"和"柴改电"项目，对全乡 6 个村委会 26 个安置点 41 个村民小组 1232 户免费发放电磁炉、电饭煲等 11 件（套）电器炊具，实现了全乡电器炊具发放全覆盖。建设节柴灶和沼气池，降低生态污染和消耗，推动可持续发展。

---

① 数据来源：《贡山县教育局 2009—2014 年独龙江乡整乡推进独龙族整族帮扶建设项目工作总结》。

精准扶贫谋出路

　　2014 年 5 月 12 日，国务院扶贫办等七部委印发《建立精准扶贫工作机制的实施方案》，标志着我国正式启动精准扶贫工作。

　　2015 年，习近平总书记在减贫与发展高层论坛上强调，中国在扶贫攻坚工作中采取的重要举措，就是实施精准扶贫方略，增加扶贫投入，出台优惠政策措施，坚持中国制度优势，注重"六个精准"，扶贫对象精准、项目安排精准、资金使用精准、措施到户精准、因村派人精准、脱贫成效精准；坚持分类施策，因人因地施策，因贫困原因施策，因贫困类型施策；针对不同区域不同层面的贫困人群，通过扶持生产和就业发展一批，通过易地搬迁安置一批，通过生态保护脱贫一批，通过教育扶贫脱贫一批，通过低保政策兜底一批。[①]在这些政策、措施的保障下，广泛动员全社会力量参与扶贫，中国扶贫工作进入社会力量广泛参与的精准扶贫阶段。

　　2015 年 11 月 27 日至 28 日，中央扶贫开发工作会议在北京召开。习近平总书记强调，消除贫困、改善民生、实现共同富裕，是中国特色社会主义的本质要求，是中国共产党的重要使命。全面建成小康社会，是中国共产党对中国人民的庄严承诺。脱贫攻坚战的冲锋号已经吹响。立下愚公移山志，咬定目标、苦干实干，坚决打赢脱贫攻坚战，确保到 2020 年所有贫困地区和贫困人口一道迈入全面小康社会。

　　为深入贯彻落实党的十八大精神和习近平总书记对独龙江隧道贯通的重要批示精神及云南省委对怒江州脱贫攻坚专题会议的精神，切实巩固和提升独龙江乡整乡推进独龙族整族帮扶五年工作成果，彻底消除贫困死角，使独龙江乡和独龙族实现跨越式可持续发展，与其他兄弟民族同步进入小康社会，贡山县根据《国务院关于滇西边境片区区域发展与扶贫攻坚规划（2011—2020 年）的批复》（国函〔2012〕125 号）制定《云南省怒江州贡山县独龙江乡整乡推进独龙族整族帮扶后续发展规划（2015—2020 年）》。

　　为保证目标实现，怒江州派驻工作组进驻独龙江乡指导工作，由一名副处

65

---

① 李国祥：《习近平精准扶贫精准脱贫思想的实践和理论意义》，中国网，2013 年 11 月。

级干部挂职贡山县委副书记,任独龙江乡党委书记。聚焦独龙族贫困群众,围绕"找出最贫困群众"这一核心,坚持问题导向和目标导向,狠抓对象精准,达到贫困条件确保纳入,达到脱贫标准及时退出,实现贫困户动态管理。坚持精准扶贫、精准脱贫基本方略,抓实"六个精准",突出"五个一批"的主要脱贫路径,锁定对象、分类施策,加快推进独龙族的脱贫攻坚工作。

瞄准独龙族贫困户实施精准化扶贫

独龙江乡自开展精准扶贫工作以来,坚持群众广泛参与,严格执行扶贫标准、扶贫对象识别程序,对贫困户的识别力求做到公平、公正、公开,对所有识别出来的贫困户则实行应纳尽纳、应退则退、应扶尽扶。首先,由乡党委、乡政府组织干部职工及各村工作队组成的工作组,深入各村小组实地调查了解独龙族群众的房屋居住情况和生产生活状况,在各村小组召开贫困情况分析会议,由参会村民共同评议,确定贫困户。其次,驻村工作队和乡政府工作人员按照评议结果,实地调查贫困户基本信息,填写各项信息采集表,并完成系统操作人员业务培训、建档信息录入、工作信息核准修改完善及档案整理归档工作。再次,动态管理工作队日常按需求深入基层一线召开村级大会及村民小组会议,认真梳理帮扶责任人,确保所有贫困户都有人挂联。最后,整改平衡亲戚工作中存在的一人帮扶超过 10 户或一人仅帮扶 1 户等问题。从下面这组统计数据可以看出,在独龙江精准扶贫中,建档立卡贫困户精准动态管理的过程。

2013 年,独龙江全乡有建档立卡户 545 户 1936 人。2014 年,全乡建档立卡户 563 户 2014 人,新识别 18 户 78 人,其中,未脱贫 423 户 1525 人,已脱贫 140 户 489 人。2015 年,全乡建档立卡贫困户 607 户 2214 人,新识别 44 户 200 人,已脱贫 419 户 1488 人,未脱贫 188 户 726 人。2016 年,全乡建档立卡贫困户 603 户 2257 人,并户销户 4 户,人口增加 43 人,已脱贫 445 户 1643 人,未脱贫 156 户 604 人,返贫 2 户 10 人。2017 年,全乡共有建档立卡户 612 户 2292 人,新识别 9 户 35 人,未脱贫 11 户 33 人,已脱贫 597 户 2242 人,返贫 4 户 17 人。2018 年,全乡建档立卡户 611 户 2297 人,死亡 1 户。其中,马库 44 户 154 人,巴坡 112 户 418 人,孔当 188 户 719 人,献九当 110 户 414 人,龙元 67 户 247 人,迪政当 90 户 345 人。2018 年,全乡最后一个脱贫出列村迪政当村建档立卡贫困户 15 户 51 人全部脱贫出列。

 五项措施确保建档立卡贫困户顺利脱贫

产业发展脱贫一批

种植业继续加大全乡草果的种植面积，同时推广羊肚菌、百合、石斛、重楼的种植；大力扶持农户发展养殖业，扶持独龙鸡、独龙蜂的养殖，以养殖产业的发展带动农民增收脱贫。全乡境内设立独龙原鸡保种和控繁基地 2 个、独龙猪养殖场 2 个、养鸡场 4 个。此外还扶持独龙族农家乐、特色客栈、特色产品加工户 10 户，新建村级集体经济便利店 6 个，确保 6 个行政村集体经济每村不少于 5 万元。截至 2017 年底，全乡草果种植面积 6.609 万亩，产量 742 吨，实现产值 1400 多万元，人均增收 3300 元。2018 年，种植羊肚菌 403 亩，发放草果苗 37.74 万株，全乡草果种植面积达 6.986 万亩，产量 1004 吨，产值 743 万元，人均增收 1812 元。

教育培训和健康扶贫脱贫一批

选送 20 余名独龙族"两后生"到省内外技师学院学习，开展独龙鸡、独龙牛养殖培训，开展厨师、家政、竹编、民族服饰缝纫、电焊工、农家乐、民宿经营和乡村旅游导游等技能培训，拓展、提高独龙族劳动力的劳动技能，促进劳动力就业创业；通过对各类原因没有参加农村医疗保险和养老保险群众的引导和帮扶，城乡医疗保险、养老保险等参保率达到 100%；联系珠海、省级结对帮扶医院及州级医院对独龙江乡卫生院进行技术指导及帮扶，珠海派出常驻独龙江医生 2 人，提高了独龙江乡的医疗卫生水平。

2019 年 9 月，独龙江乡按政府"一村一幼"的规划实现了学前教育全覆盖。在推行十四年免费教育、"两免一补" 义务教育阶段学生营养改善计划补助政策，创建"一中心、四平台"的资助平台，并协调来自社会各界的爱心援助、爱心助学后，独龙江贫困学生上学难的问题得到了缓解，农村贫困学生因贫辍学的情况得到改观，实现了从小学到大学无一人因贫辍学。①

67

---

① 数据来源：贡山县教育体育局提供的资料《独龙江乡教育发展情况》。

住房保障脱贫一批

针对动态识别中发现的 23 户住房不达标的问题，已建成幸福公寓 23 套（巴坡 7 套、献九当 6 套、龙元 3 套、孔当 4 套、迪政当 3 套）予以保障，其中建档立卡户有 21 户。

生态补偿脱贫一批

利用生态补偿、公益性岗位的聘用保障贫困户有稳定的收入。全乡共有生态护林员 313 人，乡村环境保洁员 260 人（26 个安置点，每个安置点 10 人），河道管理员 54 人（27 条河段，每段河流 2 人），地质灾害监测员 94 人（47 个地质灾害点，每个点 2 人），巡边护边员 123 人。确保所有在册的建档立卡户每户都有 1 人被聘为生态护林员或公益性服务岗位，每年每人有 9600 元的固定收入。截至 2017 年底，独龙江全乡农村经济总收入 2069.07 万元，农民人均经济纯收入 4971 元。每户均有 1 人被聘为生态护林员，每年每人有 9600 元的工资性保障收入。

社会保障兜底脱贫一批

截至 2018 年，全乡享受民政低保共计 275 户 915 人。享受国家政策兜底保障共 9 户 31 人，其中，建档立卡户 5 户 15 人，地方政府重点帮扶户 4 户 16 人，主要为缺乏劳动能力的孤儿、残疾人，通过残疾人救助、低保政策予以兜底保障。农村新型医疗保险达到全覆盖，为建档立卡贫困人口资助缴费 2172 人，173900元。加大边民补贴力度，建档立卡贫困户每年每人 1500 元，非建档立卡户每年每人 1250 元。同时，居家和乡、村两级养老服务体系建设逐步完善，独龙江乡敬老院 28 位老人，每人每月享受最低 665 元的生活补助。

率先脱贫，全面小康

精准扶贫和精准脱贫战役打响以来，怒江州和贡山县两级启动实施了独龙江乡"率先脱贫、全面小康"提升行动。成立由州委书记、州长挂帅的州委"独龙江率先脱贫、全面小康"领导小组。

2017 年 9 月 13 日，"率先脱贫、全面小康"现场办公会议在独龙江乡举行。会议要求牢记习近平总书记嘱托，落实省委指示，全面巩固"独龙江乡整乡推进

独龙族整族帮扶"成果。力争到 2018 年底，独龙江乡整乡脱贫摘帽，到 2020 年，实现独龙江乡从温饱型扶贫向发展型扶贫转变，独龙族群众从解决温饱向加快发展转变，在怒江州率先实现小康，打赢整族致富的战役。

2018 年 1 月 4 日，在独龙江乡召开"独龙江乡贫困退出现场推进会"，全面启动独龙江乡"率先脱贫、全面小康"提升行动。在怒江州委、贡山县委独龙江乡"率先脱贫、全面小康"行动协调领导小组的领导下，以进一步巩固独龙江乡"整乡推进整族帮扶"成果，以努力实现"率先脱贫、整体提升、全面小康、整族致富、生态标兵、旅游秘境"为目标，按照"州统筹、县负责、乡抓落实"的工作原则，深入开展脱贫攻坚提升、特色小镇提升、旅游发展提升、环境保护提升、人居环境提升、整体素质提升、基础设施提升和基层党建提升八项专项行动。争取用 3 年时间，完成独龙江风情旅游小镇与 4A 级景区建设，把独龙江乡建设成为"文面部落、秘境胜地"。

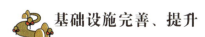 安居温饱巩固、提升

一是对上一阶段完成的 26 个村民安置点分别实施以水、路、文化等公益性基础设施巩固提升、查缺补漏为主要建设内容的新农村建设（省级重点村）、民族团结示范村和美丽乡村项目。二是在 26 个村落新建垃圾回收处理点 26 个（配备焚化炉和压制处理设备），实施文化旅游产品开发、扶持产业发展等建设内容的科技惠民项目。三是在新整合 26 个安居点村落建设基本农田 50 亩，配套建设机耕路 1000 米、田间沟渠 1500 米，解决部分村落村民无耕地的问题。

种植养殖。新建滇重楼种苗扩繁基地 170 亩，推广种植滇重楼 4000 亩；种植优质白山药 1000 亩、草果 10000 亩。建立中华蜂养殖示范基地 1 个，引进中华蜂 2000 箱；建立独龙原鸡乳化基地 1 个，扶持独龙族群众养殖独龙鸡 4 万只；建立仔猪扩繁基地，扶持独龙族群众养殖生态猪 5000 头；新建迪政当、巴坡 2 个独龙牛、黄牛、牦牛保种扩育基地。新建钦郎当边贸集市 1 个，建设国门及"两关一检"货场等设施。

69

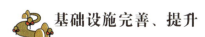 基础设施完善、提升

建设三级公路 27 千米、四级公路 5 千米，改造公路 38 千米，新建或改建永久性桥梁工程 4 件（鲁腊、普卡旺、斯拉洛、红星永久性汽车吊桥），开展独

龙江马库至缅甸葡萄通道前期工作。

建设迪政当（冷木当）、龙仲、白来、龙元、巴坡、孔当、丁给、献九当、迪兰、肯迪、钦兰当等自然村落 25 件地质灾害治理工程。实施贡山县跨界河流二期伊洛瓦底江流域治理工程 17 件，新建防洪堤 17.68 千米。实施农村饮水工程 41 项，架设管线 127.27 千米及实施饮水到户工程。

电力设施建设。一是启动实施大网进入工程，启动独龙江乡 35 千伏联网工程建设前期工作。二是建设完成独龙江乡"互联网 +"示范建设项目。三是全面实施分类电价工程，对居民用电、公益用电、商业用电和工业用电进行了分类。

移动信号覆盖。建成并开通独龙江孔当、迪兰、巴坡新村、鲁腊、迪兰、肖切 6 个 4G 基站；完成独龙江基站、白来基站、献九当基站、迪政当基站、黑娃底基站 10GE 设备安装；完成贡山邮电局至独龙江 10GE 带宽升级，大幅提升独龙江有线网络出口带宽及网络品质；完成独龙江马迪公路班村至滇藏界两个基站（班村、迪布里—西藏边界）太阳能配套安装及调测，解决了该区域无移动网络信号问题。

电信信号全覆盖。对独龙江公路沿线信号盲区进行 4G 基站修改补点工作，实现全线公路沿线信号全覆盖。

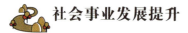 社会事业发展提升

文化事业。挖掘整理独龙族传统民族文化，培养州、县级民族文化传承人 40 人，传习民族传统文化 3600 人次，布展征集独龙族博物馆二期文物 400 件，并设立高德荣先进事迹展区，制作沙盘模型 1 个，配备布展设施。

医疗卫生。新建国门医院 1 座，建筑面积 3700 平方米，配备乡级卫生院必备医疗器材 1 套；对全乡 6 个村卫生室进行提升改造。

社会保障。实施独龙江乡迪政当村居家养老服务中心建设，新建水泥平顶钢混结构、三层，建筑面积 500 平方米的服务中心楼 1 幢。乡村低保标准提档，兜底保障能力增强。居家和乡村两级养老服务体系建设逐步完善，全乡享受民政低保共计 330 户 1016 人。医疗服务体系进一步完善，签约家庭医生 3891 人，完成马库国门医院建设和 6 个行政村卫生室修缮及新建业务用房的村级卫生室提升工程。

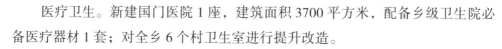

特色小镇提升

立足独龙江独特的自然生态、民族文化和特色产业优势，抢抓全省特色小镇建设新机遇，全面提升独龙江特色小镇的功能。目前已完成独龙风情小镇总体规划，正全力推进招商引资工作。

整体素质提升

就业帮扶。配合种植养殖业组织 3600 人次开展短期种植养殖业技术培训，对独龙江乡劳动力全员轮训一遍。

人才帮扶。在 5 个行政村设立 5 个学前教育班；面向应往届初中、高中毕业生开展职业技能教育 300 人次，开展教师培训 57 人次，建设独龙江乡九年一贯制学校和 5 个教学点开展远程教育。开展在职医务人员培训 10 人次、定向培养 10 名品学兼优的独龙族医科大学生。

干部帮扶。实施双向干部挂职锻炼，开展乡村干部培训及培养，引进高素质人才，实行"三支一扶"重点倾斜等。

牢固树立扶贫先扶志，扶贫与扶智相结合的理念，坚持输血和造血相结合，注重提升和培养独龙族群众自我发展能力，激发内生动力。以工程施工、种植养殖、旅游服务、木雕工艺、机动车驾驶和文明生活等培训为切入点，提高独龙族群众的技能、技艺。大力推广普通话，加大劳务输出，让群众增长见识、增长才干。抓实"自强、诚信、感恩"主题实践系列活动，引导群众饮水思源感党恩。强化乡风文明建设，打造文明示范村，开展"家庭内务和环境卫生每月评比""走出火塘到广场"等活动，开展人居环境提升"每日一晒每月一比""家庭内务每日一晒"活动，实施家庭内务卫生打分排名"十星级文明户""最美庭院"评选等创新活动，建立每周一全乡环境卫生清扫长效机制，全面提升群众的卫生意识。

环境保护提升

认真贯彻落实习近平生态文明思想，积极践行绿色发展理念，严守生态"红线"，保住一片"净土"。制定出台《独龙江保护管理条例》，大力开展生态补偿，

继续推进退耕还林工程。

修复县城至巴坡防火通道 90 千米；实施独龙江区域生物多样性保护项目，开展孑遗植物保护，外来物种入侵防治，野生稻种质资源保护，激流中鱼类资源保护等；实施独龙江乡村庄饮用水源地保护项目，对 38 个水源地进行统一规划并划定一、二级水源地保护区。开展独龙江乡农村环境连片整治，新建排水沟渠，完善排水系统，建立完善人畜禽粪便收集处理设施、村落垃圾收集清运系统等。

全面推进生态护林员、河道管理员等选聘制度，让山林、河流有了管护的主人和呵护的保障，让群众在做好生态保护的同时有经济收入。聘用乡村环境保洁员、河道管理员、生态护林员、地质灾害监测员、巡边护边员 1031 人（保洁员 200 人、河道管理员 301 人、生态护林员 313 人、地质灾害监测员 94 人、巡边护边员 123 人）。

旅游环境提升

坚持主打旅游的基本思路，以建设世界级旅游目的地为目标，全面提升独龙江旅游发展的基础和环境。

编制完成《独龙江景区旅游基础设施规划》比选方案，由州旅发委组织进行《独龙江景区旅游基础设施规划》比选审定，最终选定昆明艺嘉旅游规划设计有限公司负责编制《独龙江景区旅游基础设施规划》。

一是独龙江国家公园景前区建设项目。二是积极扶持云南建投推进独龙江四星级酒店建设项目。独龙江四星级酒店建设项目计划投资 2.3 亿元，该项目定位为"四星级生态旅游休闲度假酒店"，总用地面积 50084 平方米，总建筑面积 15801 平方米。三是独龙江老路沿线观景台建设项目，包括守望野牛谷、秘境之道和神田观景台。目前已完成守望野牛谷观景台基础部分、平台面硬化及护栏部分。

修复县城至巴坡人马驿道改造 90 千米（沿途设立驿站 4 个）。新建独龙江公路和乡村公路旅游观景台 10 座。实施以旅游接待中心、道路（二期）、公厕、给排水系统、主题公园为主要内容的旅游小集镇和市镇基础设施二期工程。

基层党建提升

　　分期分批对全乡农村党员开展以党的基础知识、国家政策法规和致富技能为主要内容的短期培训340人次；为24个党员活动室配备会议室、电子阅览图书室和党组织学习活动室设备器材24套；建立全省干部教育现场培训基地1个，以高德荣同志的草果培训基地为依托，新建配备会议室、生物产业实验室、卫生、洗浴等设施，建筑面积1870平方米的培训服务综合楼1栋；修缮贡山县独龙江乡烈士陵园。

　　加强脱贫攻坚和基层党建双推进工作，成立党员先锋队、突击队，省、州、县、乡四级联动，累计派出扶贫队员400余人驻扎独龙江乡开展帮扶工作，通过苦干实干亲自干，抓示范、抓带动，激发独龙族群众发挥脱贫攻坚主体作用。强化基层阵地建设，推进基层活动场所建设，整治软弱涣散党组织5个，轮换调整33名村组干部，撤销合并相邻小组党支部组织2个，夯实基层组织人才基础。大力发展村级集体经济，通过扶持种植养殖项目、超市租赁、资产盘活等，全乡村级集体经济收入均超过了5万元。打造基层党建示范村和示范活动，在怒江州形成"三队两个一""一周三活动"等基层党建独龙江品牌。

深山走出脱贫路

云南人口较少民族脱贫发展之路

脱贫攻坚显成效

自精准脱贫攻坚开始以来，围绕精准扶贫、精准脱贫的基本方略，云南省委、省政府把脱贫攻坚作为重大政治任务、头等大事和第一民生工程，层层立下军令状，在全省形成"不抓脱贫攻坚就是失职、抓不好脱贫攻坚就是渎职"的共识。坚持"五级书记抓扶贫、党政同责促攻坚"，精准构筑政策体系，对标对表中央政策，出台 349 项政策文件，全方位、全过程规范扶贫工作落实。

为实现和全国同步建成小康社会的奋斗目标，云南省严格落实"六个精准"扶贫要求。2.5 万个部门单位派出 4.85 万名第一书记、21.61 万名驻村工作队员，对精准识别的 752.8 万名建档立卡贫困户开展挂联挂包，近 75 万名干部职工与 187.17 万户贫困户结成扶贫"对子"，创新"六清六定"机制，全面形成有计划、有目标、有措施、有资金、有责任、有督查考核的精准脱贫方案。

自脱贫攻坚开展以来，中央投入财政专项扶贫资金累计达 557 亿元，增幅和总量均居全国第一；53 家中央单位与上海市、广东省等东西部扶贫协作省份选派挂职干部 1700 余人，投入各项资金 450 亿元，实施扶贫项目近 7000 个。云南省紧抓机遇，积极组织各扶贫单位与扶贫县签订责任书，鼓励民营企业参与"万企帮万村"行动，协调社会团体与驻滇部队扶贫，把来自社会各界的助力不断凝聚成对贫困宣战的合力。

通过整乡推进独龙族整族帮扶、精准扶贫和"率先脱贫、全面小康"八大提升行动，独龙江发生了翻天覆地的变化。独龙江创建了"三个队两个一"党建品牌，党员示范带头作用得到了前所未有地发挥；创建了家庭内务整理"每日一晒"和环境卫生"五个一"的人居环境提升品牌，群众文明卫生意识得到了前所未有的增强；创建了"走出火塘到广场"的文化活动品牌，群众的精神面貌发生了前所未有的变化；创建了"五到一线"工作法，党员干部履职尽责作用得到了空前发挥。

经过多年的努力，独龙江因精准的扶贫方略和措施取得了脱贫攻坚显著成效。2018 年，独龙族率先在全国实现了整族脱贫。2018 年 10 月，独龙江乡

荣获由国务院扶贫开发领导小组颁发的"全国脱贫攻坚奖——组织创新奖"。2018年12月，独龙江乡成功创建全国民族团结进步示范乡镇。

整乡推进整族帮扶取得的成效

五年的全面帮扶，独龙江乡基本实现了经济发展大跨越、基础设施大夯实、人居环境大改善、社会事业大进步、特色产业大发展和素质能力大提升的"六大变化"，实现了三年行动、两年巩固、持续发展的预期目标。

🐂 特色产业大发展

草果、重楼、独龙蜂、独龙牛、独龙原鸡、羊肚菌等特色种养产业初具规模。

2013年末，独龙江全乡农村经济总收入达1105万元，比2009年增长124%；农民人均纯收入2236元，比2009年增长144%；粮食产量964吨，比2009年末增长21%；农村人均生产粮食233千克，比2009年末增长15%；草果产量284吨，比2009年净增281.2吨。草果、重楼、独龙蜂、独龙牛、独龙原鸡等特色种养产业初具规模，成为独龙族经济收入的主要来源。独龙族群众市场观念、商品意识、积累意识不断形成，融入现代文明步伐不断加快，独龙族群众从封闭、保守、落后的民族"直过"区走向开放、包容、发展的新天地。

截至2018年底，全乡耕地面积3896.29亩，粮食播种面积2848亩，粮食总产量393.8吨（不含退耕粮）；大小牲畜存栏21110头（只），出栏10600头（只）；全乡草果种植面积累计达6.986万亩，产量达1004吨，产值约743万元；重楼种植1718.6亩，产量610千克；招养独龙蜂4625箱，产量5119.9斤（1斤=500克）；新种植羊肚菌403亩，金耳示范种植5亩，种植黄精40亩。2018年底，仅草果种植一项人均增收就达到1812元。

🐂 基础设施大夯实

独龙江公路高黎贡山隧道的修建，彻底结束了独龙江乡半年大雪封山不能通车的状况，独龙族老县长高德荣说："独龙江公路高黎贡山隧道的贯通，不仅是出行的安全通道，更是独龙族实现和谐发展、跨越发展、科学发展的康庄大道。"

在公路贯通前，独龙江乡南部和北部最远的村寨到县城需要徒步 8 天时间，现在只需 3 小时的车程即可到达，是一个巨大的跨越。公路通了，一通百通。现在，好多独龙族群众都买了汽车，独龙族青年实现了自由开车进出独龙江的梦想。

王军是独龙江乡孟顶小组村民，他和 10 多名独龙族青年在 2012 年免费享受到独龙江帮扶项目的驾驶员科目培训。拿到驾照后，王军在 2013 年用卖草果得来的 5 万元钱买了一辆核载 7 人的农村客运面包车，专门跑独龙江乡至县城路段的客运。生意好时，王军一天要进出独龙江两趟，扣除汽油钱，一天就有 1000 多元的收入。

6 个行政村 26 个安置点完善的村内道路、村民文化活动室、篮球场、人畜饮水工程、排污沟渠、垃圾处理设施、公厕、洗澡室等公共设施，让独龙族农村群众第一次实现了人畜分居。独龙族人均住房面积由 2009 年的 6 平方米增加到 20 平方米以上。2014 年，全乡 6 个村 26 个集中安置点全部实现通车、通电、通电话、通广播电视、通安全饮水。独龙族昔日简陋的茅草房、木板房、竹篾笆房已成历史，人们居住在水电入户、卫生整洁、广播电视设施齐全，交通、通信便利，沿独龙江两岸修建的永久性框架结构的安居房中。"三通"后的独龙族村寨的各项生活指标有了明显改善，尤其是医疗卫生防疫工作条件大大提高。2012 年 6 月，贡山县疾病控制防疫中心首次在独龙江辖区，对独龙族所有适龄儿童接种乙肝、脊灰、百白破、麻风、乙脑及流感等疫苗。并在几天的时间之内，一边接种一边培训防保人员和乡村医生。

2013 年初，巴坡村委会巴坡小组独龙族王春梅一家 4 口，分到一套政府出资扶持建盖的 90 多平方米的新房，新房设计里有一间旅游接待房。2015 年，她将旅游接待房打理出来，几乎天天有人住。特别是"十一"黄金周期间，她家住宿和餐饮接待纯收入达 6000 多元。王春梅所在的巴坡村民小组 20 多户人家，每户都有一间旅游接待房，大多数村民都将房间收拾出来用作旅游接待，每间房每晚收费 100 元，除旅游黄金周爆满外，其他时间平均每个月也能有 800 多元的收入。

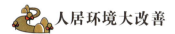 **人居环境大改善**

建成安置点 26 个，安居房 1068 户，幸福公寓 20 套。昔日简陋的茅草房、木板房、篾笆房已被水电入户、卫生整洁、广播电视设施齐全的框架结构安居

房取代。实施 6 个村委会升级村庄规划建设示范村配套基础设施建设，全面启动马库美丽乡村建设项目，实施 2 个农村综合整治项目和 1 个生物多样性减贫示范项目。

社会事业大改观

教育、卫生、文化和社会保障等一大批民生项目的建成使用，教育医疗卫生队伍建设的加强，彻底解决了独龙族入学难、就医难、老无所养的困难。独龙族小学生入学率、巩固率和升学率均保持 100%，全族人均受教育年限不断增加，独龙族有了第一个女硕士研究生，独龙族歌手阿普萨萨第一次在全国性比赛中获得冠军并上了 2013 年春晚，2016 年高德荣被授予"全国脱贫攻坚奖贡献奖"。建成独龙族博物馆、乡文化站、2 个群众性文体活动广场、26 个村民文化活动室、26 个篮球场、1 个敬老院，组建了 6 支农民文艺演出队。符合低保条件的对象应保尽保，使独龙族更加均等地获得公共卫生和基本医疗服务。

素质能力大提升

移风易俗蔚然成风，文明生活方式进入千家农户，独龙族农村群众第一次实现人畜分居，独龙族懂感恩、干劲足的人多了，"等、靠、要"的人少了。独龙族群众市场观念、商品意识、积累意识不断增强，融入现代文明步伐不断加快。独龙族群众从封闭、保守、落后的民族"直过"区走向开放、包容、发展的新天地，充分展现出独龙族同胞自强不息、人心思富、蓬勃向上、永记党恩的民族精神风貌。

从 2015 年开始，云南技师学院招收独龙族学员到"木雕之乡"大理剑川学习雕刻。学员拎着行李来，不用花一分钱，通过技能鉴定后还能取得职业资格证。学员孔燕花感叹："学院不但管吃管住，还配备了翻译和心理辅导老师。"

绿水青山大显现

生态环境保护也取得重大突破，创新生态补偿脱贫模式，全乡共选聘生态护林员 313 人，新增河道管理员 185 人，地质灾害监测员 94 人，巡边护边员 123 人。全乡已有 313 名生态护林员，人均年工资收入达 1 万元，生态保护与脱贫攻坚"比翼双飞"。独龙江的天更蓝、山更绿、水更清、花更艳，绿水青山就

是金山银山的理念已深入人心，保护好生态环境已成为独龙族群众的普遍共识。绿色、生态越来越成为太古秘境独龙江的突出特征。

独龙江乡生态环境更加优美，全乡森林覆盖率以每年 1.5 个百分点的速度增加，2014 年，全乡森林覆盖率达 93%，比全县森林覆盖率多 15 个百分点，这些原始完整的亚热带山地森林生态系统，都是独龙江乡的宝贵资源。绿水青山就是金山银山，2014 年，独龙江乡栽了 1 万多棵树，草果、重楼、羊肚菌等林下产业让越来越多的独龙族群众有了稳定的经济收入。

如今，居住在独龙江的独龙族不再受冬季雪封山的限制，随时可以进出独龙江；独龙江 6 个村的村民第一次有了纵贯南北、覆盖全乡的乡村公路，第一次有了方便快捷的金融服务网点和覆盖全乡的通信网络。独龙江乡政府驻地孔当村已经成为一个集旅游观光、科学考察、探险旅游于一体的边境旅游小集镇。

独龙江整乡推进、独龙族整族帮扶为深度贫困地区的人口较少民族脱贫提供了成功实践的样本。这种模式之所以取得巨大成功，主要源于国家高度重视，省、州、县各级政府的支持；资金及外部支持力量高度整合；扶持对象精准，脱贫措施准确务实；群众积极参与，项目责任落实。围绕独龙江"三年行动计划"和"两年巩固提升"工作安排，党政领导一任接一任地抓，工作队一步一个脚印、一批接一批地干。这些都是快速、有效地完成帮扶项目的有力保障。

2010 年以来，在各级政府的关心、协调下，上海市对口帮扶独龙江，云南省省级 32 个部门合力支持，社会各界广泛参与，拓宽渠道、整合资源，集中力量办大事，形成独龙江整乡推进、独龙族整族帮扶的扶贫攻坚"大合唱"。

根据不同地区的贫困程度和发展条件，明确工作重点和具体措施，并转化为一件件群众看得见、摸得着、落得实的具体项目。广泛宣传动员群众，落实独龙族群众的主体性、激发内生动力，增强他们脱贫致富、加快发展的坚定信心。工作推进以年度计划为手段，辅以强有力的组织领导、责任落实和跟踪问效机制，确保人人担责、上下联动。

产业结构调整和布局，拓宽了独龙族群众经济收入的渠道，解决了独龙族持续发展的问题，逐步缩小了独龙族与其他兄弟民族之间的发展差距；交通、通信的改善，加快了独龙族与外界交往，并与其他民族建立起不可分割的联系和相互依存的关系，推动独龙族实现与其他民族共同繁荣发展。

 ## 精准扶贫取得的成效

2018 年底，通过村申请、乡审核、各行业部门数据比对、县级复核等程序，迪政当村脱贫出列十项指标均已达到脱贫出列标准。至此，独龙江乡所有贫困村都达到了脱贫出列标准，独龙江乡的独龙族实现了整族脱贫。同年，全乡农村经济总收入 2859.96 万元，常住居民人均可支配收入 6122 元，同比增长 23.5%，成为贡山县率先脱贫出列乡镇，并荣获"全国脱贫攻坚组织创新奖"。这意味着，深度贫困"三区三州"之一的怒江州，脱贫攻坚啃下了最难啃的硬骨头，独龙族整族脱贫，一步跨千年。

让人民过上更好的日子，是中国共产党一切工作的出发点和落脚点。面对独龙江脱贫难题，2014 年以来，习近平总书记先后"两次回信、一次接见"独龙族干部群众，国家实施精准脱贫方略，各级党委、政府和社会各方倾注了大量的心血，把大量的人力、物力、财力投入独龙江，独龙江通过清晰的工作理念、精准的工作方略、扎实的工作方法，终于得到打开摆脱贫困之门的金钥匙，使深度贫困的独龙族实现了从整体贫困到率先整族脱贫的历史性跨越。

 ### 精准发展支柱产业

独龙江的产业发展结合当地土壤、气候、水文、植被等因素，创造了林、农、牧、游"复合"特色经营模式，形成了以草果种植为主，以重楼等中药材种植、独龙牛和独龙蜂等养殖为辅的特色农业产业体系。通过特色产业带动群众增收，仅草果一项全乡种植 6.8 万余亩，人均超过 16 亩，人均增收 2648 元，预计 3 年后全部挂果产值还能翻番，草果摇身一变成了独龙江增收致富的"金果果"。

 ### 精准改善基础设施

26 个村民集中居住区增加建盖了厨房，配备和改善居住区公共服务设施，提升了村民居住的舒适感和幸福感。

高黎贡山独龙江公路隧道贯通，让雪山天堑变通途，结束了半年大雪封山的历史，当地建设完成 5 座跨江大桥、4 座生产便桥，结束了独龙族出门过溜索

的历史。建设完成滇藏界至中缅边界 107.5 千米的边防公路和村组公路，独龙江基本的交通网络形成，结束了物资进不了独龙江、村民出不了独龙江的历史。

2010 年，南方电网人走进独龙江乡，在这个中国施工条件最艰难、环境最恶劣的乡镇实施通电工程，帮扶当地群众脱贫致富、走向现代文明。

2012 年，怒江独龙江乡实现户户通电，独龙族的光明之旅就此开启。

2014 年，我国首个 20 千伏峡谷孤网在怒江独龙江投运，解决了独龙族人的用电问题。

2018 年，独龙江乡建成 400 千瓦柴油发电及 200 千瓦储能系统，实现水电、柴发、储能多能互补的微型智能电网。

通过全面开展农村饮水安全行动，确保群众吃上干净水、放心水，独龙江群众改变了过去饥一顿饱一顿的日子，从吃得饱、吃得好、饮水安全三个层面彻底解决了独龙族生活质量问题。

精准保障民生事业

首先，独龙江乡 6 个村委会实现学前教育全覆盖。实施"雨露计划"等社会助学行动，实现建档立卡贫困学生全覆盖，大力宣传义务教育，小学生入学率、巩固率和升学率连续五年保持在 100%。积极发展"互联网＋教育"，形成以"三通两平台"为基础，包括幼教云、职教云、班班通、人人通等系列产品的信息化教育。随着精准扶贫工作的推进，全族人均受教育年限不断提高，做到了再苦不能苦孩子，再穷不能穷教育，广大独龙族群众"到 2035 年，争取每户都有一个大学生"的心愿正逐步实现，贫困代际传递的问题不复存在，独龙江"义务教育有保障"的问题已得到彻底解决。

其次，独龙江完成乡中心卫生院和村卫生室标准化建设，医疗卫生用房建筑面积达 2679 平方米，配备齐全了彩超、X 光机、手术台、洗胃机、心电监护仪、多功能麻醉机等乡镇卫生院必备的医疗卫生器材设备，基层医疗卫生保障能力大幅提升。全面落实医疗保障政策，对贫困人口参加城乡居民医疗保险个人缴费部分给予全额资助，实现参保率 100%，大病、慢性病家庭医生签约服务率达 100%，医疗保险和养老保险参保率实现 100%。严格实施社会兜底政策，做到应纳则纳、应兜则兜，全面巩固"六类人员"及边缘户的收入。卫生事业的发展，解决了独龙江缺医少药、看病就医难的问题，独龙江"基本医疗有保障"

的问题已得到彻底解决。

 精准实现生态脱贫

独龙江紧扣生态主题，推动退耕还林、以电代柴，成立生态扶贫专业合作社，立足富集的绿色资源，顺应自然规律，科学组织和安排生产生活，坚持走"在保护中发展、在发展中保护"的绿色可持续发展之路。科学控制草果种植面积和种植范围，顺势发展重楼产业，提高单位土地生产效率，培育发展乡村旅游产业，让广袤无边的山林、美丽怡人的自然风光等都成为致富的"聚宝盆"，真正解决了"一方水土养不起一方人"的脱贫难题，促进生态保护和生计发展的可持续性。

作为独龙族干部群众代表，曾受到习近平总书记亲切会见的高德荣激动地说："1999 年，贡山县城到独龙江乡的简易公路修通，把独龙族群众从人背马驮中解放出来；2014 年，独龙江公路高黎贡山隧道通车，群众从每年的大雪封山期中解放出来；今天，党和政府把我们从贫困中解放出来！"

率先脱贫，全面小康的成效

在整乡推进整族帮扶和精准扶贫取得巨大成效的同时，率先脱贫，全面小康继续在前期脱贫攻坚成效的基础上，加大对涉及独龙江区域发展，独龙族可持续发展的八大方面查缺补漏、实施提升改善工作，取得了阶段性成果。

 决战脱贫攻坚成效显著

重点开展迪政当村脱贫出列和 15 户 50 名建档立卡贫困户脱贫退出，建强补齐收入、住房、社会保障和村集体经济等短板，确保年内如期脱贫出列。开展 5 个脱贫出列村的巩固提升工作，认真抓好查缺补漏工作。完成新建幸福公寓 21 套，解决了 21 户建档立卡户的住房问题；对 8 户 29 名缺乏劳动能力的孤儿、残疾人落实兜底保障政策。加大"六大员"聘用政策倾斜力度，新增乡村环境保洁员 260 人（26 个安置点，每个安置点 10 人），新增河道管理员 54 人（27 条河段，每段河流 2 人），全乡共有生态护林员 313 人，新增地质灾害监测员 94 人（47 个地质灾害点，每个点 2 人）。强化职业技能培训和劳务输出工作，选

送 20 余名独龙族"两后生"到省内外技师学院学习，开展乡村导游、手工艺编制等技能培训 630 人次，实现劳务输出人次。扎实推进产业扶贫，完成羊肚菌、草果、石斛等产业种植近 500 亩，养殖独龙鸡 2500 只、独龙蜂 2000 箱；6 个村均有村集体经济。

截至 2019 年底，全乡草果种植面积达 68690 亩，重楼 1641 亩，花椒 8700 亩，核桃 8000 亩，还种植了茶叶、羊肚菌、黄精等。扶持养殖户 80 户，建成独龙原鸡保种和控繁基地 1 个，投放独龙牛 1153 头，累计投放蜂箱 16600 箱，招养独龙蜂 5000 箱。成立合作社 8 个，草果烘干厂 2 个。建成民族文化旅游特色村 5 个，观景台 19 个。四星级酒店投入使用，特色民宿、农家客栈等旅游服务设施不断完善、服务能力不断提升、服务质量不断改善。在乡政府驻地建立了电商服务中心，6 个村委会建立了电子商务服务站，实现整族户均 1～2 个特色稳固产业，全乡农民人均收入从 2009 年的 908 元增加至 2019 年的 7000 多元，增长了 8 倍。

基础设施建设全面发力

加快推进以交通基础设施改善为重点的项目建设，独龙江国防公路改建工程扎实推进，累计完成投资约 3616 万元，完成工程总量的 35%，预计 2019 年 3 月完工。独龙江公路灾毁恢复重建工程完成资金总额的 36%，除路面部分外构造物施工基本完成建设；独龙江生命防护工程完成投资总额的 53.3%。普卡旺桥、独龙江乡红星桥已完工。独龙江 35 千伏电网联通工程环境影响评价生态保护专章和项目对遗产地环境影响评价报告已上报审批，"三江并流"国家级风景名胜区贡山景区影响论证报告、对"高黎贡山"国家级自然保护区影响评价报告正按程序逐级报批，社会稳定风险评估正在编制，其他前期工作已完成。启动实施独龙江乡配电网自动化完善工程。建成并开通 6 个 4G 基站，对独龙江公路沿线信号盲区进行 4G 基站修改补点工作，实现全线公路沿线信号全覆盖。

特色小镇创建全力推进

《贡山独龙风情小镇创建方案》顺利通过省发改委专家评审，省发改委已将贡山独龙风情小镇列入创建全省一流特色小镇名单。独龙风情小镇总体规划已

完成，修建性详规已报国家住建部审批。独龙江星级酒店主体工程已完成，进入全面装修和设备安装阶段，目前累计完成投资 6000 多万元，项目于 2019 年 6 月完成新建工程投资建设，7 月进入试运营期，2019 年国庆正式运营。

人居环境实现质的提升

开展美丽乡村建设行动、环境专项整治行动，深入推进农村"七改三清"环境综合整治行动，在公路沿线和庭前院后种植绿化树和观赏树 12 种共计 1 万多棵，拆除普卡旺旅游景区私搭乱建房子等 20 余间，拆除和改造全乡村组彩钢瓦、石棉瓦等建筑物 200 余间，拆除马迪公路沿线可视范围内废弃工棚、废弃生产用房、空心砖围墙和猪圈等建筑物 300 余间，清除公路沿线僵尸车辆 30 余辆。实施 6 个村委会升级村庄规划建设示范村配套基础设施建设，全面启动马库美丽乡村建设项目，实施 2 个农村综合整治项目和 1 个生物多样性减贫示范项目。配置了村庄土地规划建设专管员，城乡保洁员制度得到落实。基本完成全乡不协调的构筑物整治，植树美化行动初见成效，建立每周一全乡开展环境清扫行动制度，"秘境"独龙江和"人间天堂"独龙江印象有了雏形。

划分以安置点为单位的 26 个环境卫生责任区，建立实施每天整理及家庭环境卫生清扫活动 1 次、每周进行大扫除活动和环境卫生主题宣传活动 1 次、每月组织环境卫生检查评比活动 1 次和每季度组织乡级观摩会的环境卫生工作 1 次等制度。持续开展"家庭内务每日一晒"活动，开展实施家庭内务卫生打分排名、"十星级文明户""最美庭院"评选等创新活动，在全乡范围内推进人居环境提升"每日一晒，每月一比"活动，群众爱干净、爱卫生的意识大幅提升。

余明花是云南福贡县人。2013 年从云南民族大学毕业后，她来到贡山县丙中洛乡当了 4 年大学生村官。2017 年 9 月，她被调到独龙江乡。她在孔当村率先推行实施家庭内务"每日一晒，每月一比"活动、常态化开展周一环境大扫除等活动，取得良好效果。独龙乡党委和政府趁热打铁，在全乡开展以自立自强为主题的"百日攻坚"活动，旨在提升农村文明素质。其中一项内容就是实施家庭内务整理每日一晒，组织引导全乡群众起床叠被子、洗脸漱口、打扫屋子和庭院，每天向微信群发送家庭环境卫生照片，大家比学赶超，极大地调动了大家坚持打扫家庭环境卫生的积极性。

旅游产业基础不断夯实

《独龙江景区旅游基础设施规划》比选方案已完成，编制完成了独龙江人马驿道项目规划。独龙江国家公园景区一期工程已开展建设，守望野牛谷、走进神田观景台以及独龙江乡迪布里旅游公厕项目建设基本完工。扶持新建农家乐 7户、特色客栈 2 户、旅游产品加工户 1 户。组织 4 名独龙族户外旅游向导到北京参加专业户外救援、户外探险等技能培训。

生态环境保护持续加强

继续推行退耕还林还草政策，全乡 25 度以上陡坡耕地应退尽退，引导群众积极发展林下经济，实现生态建设和经济发展双丰收。《独龙江生态保护规划》编制工作扎实开展。认真贯彻落实《独龙江保护管理条例》，严格执行国家退耕还林、封山禁牧政策，建立"五大员"聘用制度，实施"以电代柴"项目，加强生态保护管理，扎实推进独龙江公园创建工作，开展独龙江花谷建设行动，显现出"绿水青山蓝天"的优美环境。独龙江旅游产业活力初步显现，孔当旅游集镇、民族文化旅游特色村、观景台等一批旅游基础设施项目的建设，为独龙江打造4A 级景区奠定了基础。2019 年，独龙江乡荣获全国"森林文化小镇"称号，成为怒江州第一个 4A 级景区，过去贫困、封闭、落后的面貌一去不复返。

农村素质提升卓有成效

开展主题教育、文明创建等文明素质提升活动，使全乡的群众精神面貌有了提升，"靠着墙根晒太阳，等着别人送小康"的等靠要思想进一步被消除，在全乡上下掀起了"脱贫靠自己""致富学技术"和"自己家园自己建"的热潮。

统一印制《习近平总书记和我州少数民族干部群众代表在一起》宣传画，在易地搬迁集中安置点的出入口处张贴学习贯彻习近平新时代中国特色社会主义思想、脱贫攻坚和感党恩宣传标语 325 条；在县城主城区、各乡镇、各村和美丽公路沿线，制作以党的十九大精神、社会主义核心价值观、感党恩、脱贫攻坚、民族团结、比学赶超等为主要内容的灯杆宣传牌 212 个、大型广告牌 32 块 64 面、墙体宣传标语 13 条；组织文艺宣传队到孔当村、马库村演出，宣传党的十九大

85

精神和脱贫攻坚政策；推进"互联网+"文明素质提升工作，在全乡6个村委会41个村民小组开展"走出房屋到广场""走出火塘到活动室"等文体活动，参与人数达3000多人次；充分利用媒体平台，加强典型塑造和宣传，围绕脱贫攻坚标兵、光荣脱贫户、人居环境整治等典型事例和人物进行跟踪报道，立体呈现全县奋战脱贫、自力更生的鲜活事例。

基层党建创新亮点

全力推进强化基层党组织建设、基层阵地建设、基层党建与脱贫攻坚双推进建设、基层党建创新工作建设和开展基层党建学习观摩活动，全乡基层党组织逐步呈现出了朝气蓬勃的新气象。

向独龙江乡党员发放《中国共产党章程》281册，做到农村党员人手一册，发放《中国共产党第十九次全国代表大会》100本。开展边疆党建长廊建设、"峡谷红旗飘"工程及基层党建规范化创建等活动，开展"感党恩、听党话、跟党走"和"自强、诚信、感恩"主题教育活动，深入推进边境村寨、边境通道、爱国主义教育基地、易地扶贫搬迁集中安置点、党员活动场所、宗教活动场所统一悬挂国旗全覆盖工作，全县26个村委会、177个党员活动室、89个宗教活动场所、9个国旗示范点顺利完成标准旗台旗杆竖立工作，悬挂标准国旗2000多面，做到专人管理、定期更换。全县60多个升旗点，每周一常态化开展"升国旗，唱国歌，国旗下的宣讲"活动，并以双语宣讲、入户座谈等方式，在农村加强爱党、爱国宣传。实施农村"领头雁"培养工程，深入开展村"两委"后备干部人选摸底和考察，积极组建乡村青年人才党支部。创新活动载体，加强党建载体建设，将马库村党总支创建为"国门党建"示范点、巴坡村党总支创建为"红色记忆"示范点、孔当村党总支为创建"四位一体"示范点、献九当村党总支为创建"素质提升"示范点、龙元村党总支为创建"产业发展"示范点、迪政当村党总支为创建"文化传承"示范点。

坚持基层党建与脱贫攻坚双推进，在全乡农村党组织中推广"三个队二个一"活动（建立党员先锋服务队、文体队、护村队，实行每周集中升国旗、每天早晚播放中央新闻）。强化党员教育，扎实开展"万名党员进党校"活动，在农村营造懒惰可耻、勤劳脱贫光荣的氛围。

全乡党员干部精神面貌焕然一新，感党恩内化于心、外化于行，带领群众脱贫致富奔小康的信心和决心大大增强。

独龙江脱贫攻坚取得巨大成效的原因

从 1986 年开始的扶贫行动，特别是 2009 年以来的独龙江精准扶贫，由于政策支持、规划精准、措施得当、推进有力，在各个阶段都取得了巨大的成效，独龙族的整族脱贫，是独龙江脱贫工作务实、脱贫过程扎实的必然结果，堪称人类减贫事业的奇迹。这个创造奇迹的"独龙江样本"为人类减贫事业提供了一条深度贫困地区人口较少民族成功脱贫的实践路径及模范样本，经得起时间和实践的检验。

国家政策的支持及政府的重视是保障

党中央、国务院对独龙江乡脱贫发展的高度关注；中共云南省委、云南省人民政府从省级层面推动的省级部署和规划；怒江州委、州政府举全州之力啃"硬骨头"的精神；贡山县委、县政府及独龙江乡党委、乡政府一届接一届、帮扶工作大队一茬接一茬的艰苦努力；按照"省级统筹补助、社会各界支持、州负总责、县乡落实、项目到村、扶持到户"的要求，构建了省、州、县、乡四级组织网络，四级一把手挂帅，分别成立独龙江乡整乡推进独龙族整族帮扶领导小组，由州委书记、州长挂帅的州委"独龙江率先脱贫、全面小康"领导小组，派遣独龙江帮扶工作队队员进驻独龙江乡 6 个村 26 个自然村，全力以赴开展帮扶工作；各级党委、政府始终坚持"发展是第一要务，扶贫是第一责任"理念，都是独龙江乡独龙族在脱贫攻坚不同阶段取得巨大成就的保障。

资源整合及多部门合作是重要的措施

87

在整个帮扶过程中，省、州、县、乡四级综合所有资源和优势，采取一切措施，加大工作力度，推动资金整合，按照"统一规划、各司其职，捆绑使用、用途不变，各记其功、形成合力"的原则，以规划为平台，强化省、州、县各级各部门上下联动，协调配合，整合项目资金和社会资源。省级财政、发改、建设、扶贫和农、林、水、电等 32 家部门将独龙江帮扶计划列入"十二五""十三五"行业规划，纳入部门年度预算，项目优先安排、资金优先保障。同时制订帮扶计划，做到规划进村、帮扶人员进村、帮扶资金进村、帮扶项目进村和技术服务

进村"五进村"。

精准制定扶贫攻坚规划是主要手段

始终坚持整乡推进整族帮扶与精准扶贫、瞄准贫困人群相结合，深入了解村情民意，准确掌握扶持对象情况，做到村村寨寨有项目，家家户户都受益；因地制宜、因势利导，紧密结合独龙江乡和独龙族实际，突出抓好基础设施建设及产业发展规划，按照群众增收近期靠务工务农、中期靠畜牧林果、长期靠民族文化旅游的产业发展思路，集中打造种植业、养殖业、旅游业三大产业。突出规模经营、科技扶贫、模式创新、综合发展，切实增强独龙族发展经济的能力。这既是解决独龙族自身发展问题的重要途径，也是实现独龙族逐步缩小与其他兄弟民族之间发展差距，逐步走上共同繁荣发展的必由之路。

落实帮扶对象的主体地位是关键

独龙江乡整族帮扶构建了以政府为主导，农户为主体的开发模式。落实帮扶对象的主体地位，促进帮扶对象的主观能动性的发挥，使其内生动力得到极好的发挥。提高帮扶对象自我发展能力，落实帮扶对象的主体地位既是实现帮扶目标的关键环节，也是帮扶工作的切入点和落脚点。这是云南省各级党委、政府在开展独龙江扶贫工作中达成的共识。解决独龙族因长期社会历史发展导致的综合素质低、缺乏科学技术、缺乏自我发展意识等问题，这既是阶段性扶贫工作的内容，也是实现独龙族自我发展的关键。因此，整个脱贫攻坚阶段针对独龙族群众不断进行技能培训、自我发展意识教育，有效提高独龙族群众的自我发展能力，调动独龙族群众自我发展的积极性，使独龙江、独龙族实现自我可持续的发展。

"公路通到独龙江，公路弯弯绕雪山，汽车进来喜洋洋，独龙人民笑开颜啊哟拉哟。"独龙族老百姓高礼生的一首《幸福不忘共产党》既唱出了独龙族人民的心声，也唱出了独龙江脱贫攻坚的光辉成就，更唱出了新时代一个走向全面小康的独龙族神话。独龙江几乎包罗了人类贫困史上所有的贫困现象，独龙族整族脱贫是人类减贫史上的一项壮举，兑现了"全面实现小康，一个民族都不能少"的庄严承诺，是社会主义制度优越性的充分体现，为世界其他人口较少民族整族脱贫树立了标杆。

深山走出脱贫路

云南人口较少民族脱贫发展之路

沧桑巨变感党恩

在持续不断的扶贫攻坚进程中，生活在独龙江的独龙族社会生活发生了翻天覆地的变化。这种巨变始于 2014 年，独龙江公路高黎贡山隧道全线贯通，结束了独龙江乡半年大雪封路、与世隔绝的历史。

每当问及村民独龙江最大的变化是什么，他们都会直接用朴素的语言表达：公路、新房、电灯、草果、教育。虽然这五大变化的排序会因为不同的人，甚至不同的性别而有所不同，比如妇女更倾向于将新房、电灯和教育往前排，但这五方面的变化是所有独龙族群众的共识。

帮扶前的普卡旺村（供图：贡山县委宣传部）

帮扶后的普卡旺村（供图：贡山县委宣传部）

2001 年的独龙江乡政府（供图：贡山县委宣传部）

2019 年的独龙江乡政府（供图：贡山县委宣传部）

因为脱贫攻坚取得的巨大成就，村民住进了新房，享受着沿江而建的新居通电、通硬化路，4G 网络和广播电视信号及全面、便捷的配套设施带来舒适幸福的生活，独龙族的生活品质得到极大提升。大多数老人不用再到山上辛苦劳作，也不需要背负重物行走山路，有固定的一日三餐提供营养；孩子们在学校享受 14 年免费教育、享受政府提供的免费住宿及伙食补助；家用电器的广泛使用减轻了妇女家务劳作的负担，妇女们有了更多的时间和机会参与各类培训及社会活动，妇女的能力及经济地位有了提升；产业结构调整，互联网、旅游小镇建设，使大部分外出的年轻人重新返回家乡在家门口创业；独龙族的经济收入方式不再是传统的农业和打工经济。从事小卖部、农家乐、民宿、旅游接待、客货运输、快递、网络销售等新兴行业的独龙族数量在不断增加，以草果种植为主的特色经济成为独龙族的主要经济收入；医疗卫生等社会事业的发展、精准脱贫社会兜底政策，保障了独龙族健康、幸福的生活。

2015 年，习近平总书记接见怒江州少数民族代表的时候，独龙族妇女李文仕对总书记说："在党的光辉政策照耀下，独龙族人民的日子发生了翻天覆地的变化。我已经年过六十了，还第一次坐上了飞机，见到了总书记。今后要教育子孙后代听党的话，好好读书，跟着共产党走。"

"我们 2018 年底脱贫以后，老百姓的日子可以说是越来越好过了。到目前为止，我们全乡的建档立卡户的人均收入，从 2019 年的 9000 多元上升到 2020 年的 12700 元，同比增长 24.7%，老百姓的收入越来越高了。"时任独龙江乡党委书记余金成说："没有中国共产党的领导，就没有独龙族人民的今天。隧道打通了，路修好了，房子有了，群众生活好了，这些都不是从天上掉下来的，我们独龙族人都有一颗感恩的心，感恩意识非常强烈。"[1]

92

---

① 中国文明网：《独龙江畔，一跨千年——一个民族的精神文明创建实践》，访问日期：2020 年 11 月 23 日。

 江边新房新生活

 江边新居

传统上，独龙族以家族为单位形成自然聚落，房屋的建盖往往选择独龙江河谷两岸的山坡台地，每家房屋面积不大，为四脚悬空的干栏式建筑。主要建筑材料为水冬瓜树、竹子、茅草等。这种房屋采光不足，密封性差，经常需要翻修。下层矮房小，一般用于关拦猪、鸡、鸭等。因地域及气候的差异，孔当以上的村寨多为木楞房，孔当以下的村寨多为竹篾笆房。

迪政当村留存的老房子（摄影：薛金玲）

93

这种传统的住房一般有两间，一间立火塘，是主人做饭和睡觉的地方，另一间做未婚儿女的卧室或用来招待客人。为了防止火灾损毁，独龙族贮放粮食的仓库一般都在距离住房20～30米的地方独立建盖，用于收储家庭一年中收获的粮食，食用前才去取用。

中华人民共和国成立后，独龙族虽然不再按传统习惯建盖家族式的长房，但其房屋依然建盖在沿独龙江两岸的半山坡上。

2012年至2014年，独龙族由原先分散居住的41个自然村统一搬迁到26个沿独龙江两岸建盖的集中安置点，新建安居房共有1086套，实现户均有一套安居房，从此独龙族进入了以村民小组为单位的集中居住模式。新房子水电入户、卫生整洁、广播电视设施齐全，交通便利、4G网络覆盖所有居住点。

搬入新居的独龙族家庭，每户都有一个客厅，3~4个卧室，独立的厨房，有的居住点的房屋还带室内卫生间。由于居住地点实现了"三通"，独龙族家家户户用上了电视机、洗衣机、电冰箱、电磁炉、电饭煲等家电产品。

94

巴坡村木兰当小组安居新房（摄影：薛金玲）

　　以前在山上散居，独龙族经常往来的是亲戚、族人，有的人一辈子没有去过县城，没有与外人打过交道。现在搬到江边，交通便利了，村民的活动半径和人际交往方式都发生了改变。现在安居点部分老年人对传统居住方式、传统饮食习惯的怀念，也透露出年轻时独处，不与外人交流形成的内向害羞的性格，在集中居住后难以自如地与邻居相处。但随着时间的推移，村民相互间交往逐步增多，生活方式和观念互相影响，大家也渐渐喜欢上了这种热闹、方便、互相帮助的集中居住模式。每到农闲或天气晴好的时候，村里的老人都会聚在一起，相互间的交流也多起来。

 ## 饮食丰富

　　在集中居住之前，村民的饮食习惯是一日两餐，早上天亮就到地里做农活，从来不吃早餐。现在，多数家庭都已经改成一日三餐了。在访问巴坡村的老人群体时，老人们都说："以前一天只能吃两顿，油水不够，做活的时候肚子饿得很。平时想吃的时候要生火，煮东西也很麻烦。现在家门口就有小卖部，不用走很远的路。小卖部有好多方便食品，可以买到方便面、火腿肠、牛奶、面包、饼干，想吃就买，也不用自己生火做。政府还发给我们电炊具，我们都习惯了起床就吃早点，一天三顿，吃得饱饱的。胃口好的人，一天想吃几顿都可以，感觉生活很幸福。"

　　在传统的独龙族饮食文化中，以自己种植的杂粮、根茎类植物、瓜豆类作物为主，主食为玉米饭、荞麦面、鸡脚稗、小米和旱谷，由于电力及电动工具的限制，村民每天从地里劳动回来还要人工推磨粮食，十分辛苦。尽管1999年政府实施退耕还林政策以来，村民主要以政府按人口平均发放的大米为主食，但由于一直生活在传统的半山居所，上述传统的独龙族作物在其日常饮食结构中依然占有一定的分量。

　　在独龙族的火塘边，芋头、山药、独龙洋芋是不可缺少的烘烤类食物，也是独龙族待客的传统小吃。搬入新居后，尽管土地离新房很远，但大部分人都不计经济成本选择继续种植传统的杂粮、芋头、山药等根茎类植物以及瓜豆类，尽量保持传统的饮食习惯。随着集中安居点周边交通的改善，村民草果经济收入的增加，村内小商店里各种加工食品琳琅满目唾手可得，这种传统的种植方式和饮食结构也逐渐发生了改变。

　　现在独龙族的主食为大米和面粉，家家有油有肉，吃的东西品种很多，人们逐步习惯了购置各种方便食品及工业产品。传统待客使用的芋头、山药、独龙洋芋、野百合等食物，为煮鸡蛋、各式糕点、加了牛奶的油茶、油炒的爆米花所代替。在村子里，芋头、山药、独龙洋芋、野百合等传统的独龙族小吃对外来客人来说是可遇而不可求的，即便本地村民也觉得很稀奇，难得一见。

20 世纪 50 年代拍摄独龙族的生活场景（供图：云南省社会科学院图书馆馆藏资料）

　　以前独龙族基本是食用腌制腊肉及自己杀年猪时熬制的猪油，村民每年只在过年杀猪的那几天才可以吃到新鲜肉。集中居住后，政府统一为村民配发了冰箱，村里隔三岔五就有小贩杀猪来卖，各村集中居住点每天都有车辆往返乡政府驻地孔当村。在孔当村农贸市场，每天都有新鲜蔬菜和肉类出售。

　　最近两年，还出现了本地独龙族村民售卖生鲜的小货车在 6 个村子里流动售卖，极大地满足了村民对生鲜食品的需求，村民食用新鲜肉类的数量有了明显的增加。只是独龙江经常停电，所以村民也不敢在冰箱中储存太多的冷冻食品。而商店里随处可见的桶装植物油、调和油替代了传统村民自己熬制、存储数月的猪油，极大地满地足了村民对油脂的需求。

孔当村民早餐（摄影：薛金玲）　　　　龙元村的流动售货车（摄影：薛金玲）

　　独龙族有喝油茶和米酒的习惯。独龙族的油茶与藏式酥油茶的不同之处在于以植物油替代动物油。传统的独龙族油茶是用漆油、煮茶叶水及核桃花生等坚果碎一起制作，不放奶制品。现在，村里小卖部就可以买到漆油、袋装奶粉和保鲜包装的纯牛奶，保证了独龙族家家户户有充足的材料制作油茶。牛奶和奶粉变成了大多数人家制作油茶的必需品。在独龙江，保鲜包装的牛奶、奶粉和砖茶是村民社会交往中最常用的礼物。现在，有了经济收入，制作油茶的各种材料很容易购买到，每天早上，独龙人家的火塘上都有一壶热腾腾、加足漆油和奶制品的油茶供家里人早餐时饮用。为了减少烧柴的使用，政府还为每户人家配备了电动打茶机，如果有客人上门，主人必定会使用一次性纸杯奉上一杯温暖的油茶。

 **现代消费**

　　沿独龙江集中居住，江边公路串联起了 26 个居住点，通畅的 4G 网络及广播电视，方便了村民进出独龙江，加强了独龙族村民间的交往、交流，同时也

97

加速了外来人员和外来文化的进入，使独龙族的生产、生活及发展呈现出多元的形态。纸杯、纸碗、筷子、塑料袋等一次性用品也随公路的贯通及经济的发展快速进入独龙族家家户户。如今的独龙族家庭，大家不仅待客的时候使用一次性用具，逢年过节家庭内部也会大量使用一次性用品，相较于传统的经济支出结构，日用品的消费支出大幅度上升。

在 2019 年对 191 户农户的入户调查访问中，有 175 户有手机，占 92%；82 户有网络购物的习惯，占 43%。大部分家庭都是人手一部手机，中青年人使用智能机，方便上网，老年人使用较便宜的老年机，仅用于接打电话。网购物资以服装、鞋帽、生活日用品、手机配件、化妆品和小家电为主，个别家庭网购生产工具，如电锯和割草机等。有网购习惯的大多是年轻人。选择网购的原因是节省交通费，去县城一趟需要花近 200 元的交通费，网购的货物比较便宜，有多种选择，但是经常会买到质量不好的东西。

随着集中居住后生产方式及农作物品种的变化，传统上用于制作低度水酒的鸡脚稗、小米等杂粮品种逐渐消失，传统自酿的低度水酒被外来各种品牌的啤酒和高度白酒替代。罐装啤酒成了独龙族日常生产、生活中最受欢迎的饮品。婚丧嫁娶、田间地头劳作、夜晚火塘边都消耗着大量的啤酒。

幸福道路通四方

由于自然地理偏僻、社会发育程度低、经济发展严重滞后，独龙江乡一直是全国最偏远、最封闭、最贫困的乡镇之一。而交通历来是制约独龙江发展的最大瓶颈。

中华人民共和国成立以前，居住在独龙江流域的独龙族群众如果要到贡山县城，只能靠双脚走着去。一路上要过溜索，沿着陡峭的步道，爬石崖攀天梯，翻越海拔 4000 多米的高黎贡山才能到达，来回要花半个多月的时间。1964 年，政府修通了从独龙江巴坡到贡山的 64 千米"人马驿道"，一个来回也要六七天的时间。

1996 年，国家交通运输部投资 1 亿多元，开始修建独龙江公路（简易公路）。1999 年 9 月 9 日，建成全长 96.2 千米的独龙江简易公路，结束了我国最后一个少数民族地区不通公路的历史。从贡山县城出发，驱车七八个小时即可到达独

龙江，独龙族告别了人背马驮的原始运输时代，有了自己的公路。但这条简易公路路面等级低，缺乏养护能力，道路依然是晴通雨阻。加之公路需要翻越海拔4000多米的高黎贡山，每年仍有半年时间大雪封山，交通中断，独龙江几乎与外界隔绝，群众出行仍然不便。

独龙江上的藤篾桥（供图：云南省社会科学院图书馆馆藏资料）

在西部大开发、"兴边富民工程"时期，独龙江以乡政府所在地孔当为交通辐射中心，加快推进乡村公路建设步伐。先后进行了"村村通"一期、二期工程建设项目，完成了乡政府至最南边的马库村及最北边的迪政当村的乡村公路建设任务，修建了孔当桥、普卡旺桥、斯拉洛桥、红心桥4座江面

2018年的白来大桥（供图：贡山县委宣传部）

吊桥，通达里程为 80 多千米，实现了独龙江南北村村通公路的目标。2007 年，启动马库村至中缅 41 号界桩的边境公路建设工程。

2014 年 4 月，在克服岩爆、涌水、塌方甚至雪崩等诸多不利因素后，6.68 千米长的高黎贡山独龙江公路隧道贯通，独龙江实现了全年无障碍通车，汽车 3 个小时即可到达县城。

之后的"村村通"等交通项目的补充实施，全乡沥青路和水泥路里程达 150 千米，各村民小组之间的公路里程达 27 千米，永久跨江桥 3 座、人马吊桥 11 座，乡政府所在地修建了 1 个三级客运站。独龙江村民的出行方式发生了巨大的变化，昔日靠人背马驮、翻山越岭徒步行走的独龙族村民与全国人民一样，迎来了真正的汽车时代。

对于独龙族家庭来说，已经摆脱贫困、住上了新房子、拥有了生活必需的各种家用电器、有了稳定的经济收入来源，摩托车、汽车的需求迅速上升为家庭重要的奋斗目标。尽管独龙江公路还存在季节性的不稳定性，独龙江特殊的地理地貌对停车位的局限，但都阻挡不了独龙族家庭，特别是独龙族男性青年想方设法拥有一辆属于自己的车。开着自己的车，带着家里人到外面走走看看已经成为独龙族现阶段的奋斗目标。

以长达 6.68 千米的独龙江公路高黎贡山特长隧道贯通为标志，结束了独龙族聚居区千百年来每年大雪封山半年的历史。乡村基础设施得到全面改善，6 个行政村、28 个安置点、41 个小组已全部实现通车、通电、通电话、通 4G 网络、通广播电视。

如今在独龙江，随便问一个老百姓，独龙江、独龙族生产生活中最重要的改变是什么，90% 以上的人都会把独龙江公路放在第一位。

高黎贡山独龙江隧道前的独龙族妇女
（供图：贡山县委宣传部）

龙元村二组 80 多岁的独龙族文面女江林清老奶奶说："国家政策样样都好，最好的是修了公路，再不用脚走远路了，不用脊背背东西了，过去背东西很伤人啊。"她接着说："过去公路不通的时候，我们到贡山县城一趟走路来回要一个多月，过江要用绳子吊着滑过去，还要踩着吊桥上的烂木头过江过河，脚很疼，身体很累，心里想哭啊。现在这么大的变化，我是想也想不到。"

独龙江公路防雪崩隧道（供图：贡山县委宣传部）

101

独龙江公路大桥（摄影：薛金玲）

　　龙元村白来组 80 岁的独龙族老奶奶李玉秀说："我们白来村 80 岁以上的几个老人春节见面聊天时都说，现在和过去比变化那么大，原来想都不敢想，现在的生活很幸福。"她接着说："我每天坐在家门口，看到江对岸公路上车子来来往往，就觉得太方便了。"

　　迪政当村向红小组的南春华说："以前从村里面走路到乡上背退耕还林补助粮的时候，单趟要走两天的时间，来回都要在路边睡一晚，所以要背一些晚上睡觉盖的东西。去的时候只背行李轻松一些，回来时加上 25 ~ 30 千克的粮食，人很累，很辛苦啊。现在路通了，可以坐车去乡上，东西也可以用汽车拉，几个小时就来回了，很方便。我自己还有摩托车，去哪里都方便得很。"

　　"公路通到独龙江，公路弯弯绕雪山，汽车进来喜洋洋，独龙人民笑开颜，党的政策就是好，幸福不忘共产党！"这首在独龙江家喻户晓的《幸福不忘共产党》歌曲，表达了独龙族人民公路修通后的喜悦心情及过上幸福生活后感党恩、跟党走的决心。

　　因此，对独龙族来说，独龙江公路既是一条使独龙族人民获得"第二次新生"的经济发展之路，更是一条使独龙族群众在生产、生活中感觉到无比方便的幸福路。

电灯点亮千万家

　　独龙江乡地处西南边陲，乡境内遍布峡谷沟壑，受限于气候恶劣、交通不便的自然条件，过去，独龙江乡电网处于孤网运行状态，村民日常生产生活极其不便。为了加强独龙江乡电力基础设施建设，中国南方电网有限责任公司先后投

入 1.7 亿元开展独龙江乡电网建设，2008 年，南方电网云南电网公司正式启动独龙江乡无电人口户户通电工程。但在当时，独龙江还处于半年大雪封山状态，电力设施运输成本高、运输难度大，是电力建设中遇到的最大难题。

　　在脱贫攻坚进程中，贡山县实施了独龙江乡农村电网升级改造工程，全体建设者攻坚克难，奋力拼搏，经过电力工作人员夜以继日的辛勤付出，2012 年，独龙江乡实现了村村通电、户户通电，并于 2014 年建成了全国首个 20 千伏独立电网。同年 11 月，投资建设了麻必当电站，推行了独龙江配网自动化完善工程，让村民用上安全稳定的电，极大地促进了独龙江乡经济社会发展。

然而，随着独龙江的发展，宾馆、酒店、草果厂、养鸡场等用电量大，扶贫项目中生态环境保护推进的"以电代柴"项目的实施，独龙江村民每家都拥有 11 种大小电器，20 千伏的供电就捉襟见肘了。因此，只能采取限电的方式予以解决。很多时候，村民家里的冰箱长期只是摆设，酒店、宾馆及商业街白天基本处于停电的状态。

2020 年，独龙江乡建成 1200 千瓦的柴油发电系统，实现了多渠道、多措施的供电智能系统。2020 年，独龙江全乡用电量从 2015 年的 98 万千瓦时增加到 330 万千瓦时，电力成为实现独龙族"一步跨千年"的重要支撑。

独龙江乡孔当村王美小组的村民熊永红，经历过松明点火、煤油灯照明、小型水电发电的艰苦年代。说到通电以后发生的变化时，她激动地说："以前没有电的时候，吃完饭就只能睡觉了，现在有电了，吃完饭后全家能在一起看看电视聊聊天。现在家里有电饭煲，有洗衣机，生活越来越方便了。电费是半年三四十元，冬天的时候也就 60 元左右，感谢党，感谢政府。"

随着独龙江乡电力的稳定输出，独龙江乡迪政当村冷木当小组村民白忠平也在抖音上开通了自己的账号。他说："如果没有电，手机也就和废铁一样，用不了。现在我们独龙江乡的电也比较稳定，平时我们可以通过手机看到外面的一些视频，我还注册了一个抖音账号。希望让更多人知道我们独龙江美景，了解独龙族的人文风俗，还能把我们独龙江的特产卖出去，让父老乡亲们增加一些收益。"

南方电网一直为独龙江的发展履行社会责任，不仅在独龙江的投入不计成本，而且日常运行的成本也是大于收益的。2018 年，独龙江供电所一年需要 63 万元才能保证电力运行，但 2017 年的电费收入仅有 51 万元，不仅如此，供电所还参与了龙元村的挂钩扶贫工作，为龙元村的建档立卡贫困户提供种植、养殖支持，助力独龙江脱贫攻坚。

 ## 金草果带来致富路

中华人民共和国成立以后，对于传统上以刀耕火种方式进行山坡轮歇地游耕，采集、狩猎、渔业为主要生产方式的独龙族而言，在共产党的领导下，农业生产模式逐步从游耕进入固定耕地时代，主要经历了开垦水田、退耕还林、产业结构调整等几个重要的阶段。

1952 年至 1959 年，独龙江全乡开垦的水田面积达到 850 亩，平均亩产 150 千克，从此独龙族群众吃上了大米，这在独龙江农业生产发展史上是中华人民共和国成立后崭新的一页。

1999 年，国家实施退耕还林政策，贡山县自 2002 年开始实施退耕还林，除了保留水田、固定耕地和菜园地外，其余的旱地和轮歇地全部列入退耕还林的规划之中，村民将部分水田改为种植玉米、土豆。

退耕还林不仅解决了独龙族村民的粮食问题，而且提高了独龙江的植被覆盖率，同时也彻底结束了独龙族传统的刀耕火种农业生产方式，使传统轮歇地里种植的农作物品种逐渐减少，有的已经消失。

传统上，独龙族主要种植小米、稗子、玉米、土豆、高粱、旱谷等作物。房前屋后菜地（独龙族称为园地）种植独龙芋头、山药、豆类及蔬菜，没有经济作物。大部分人家都饲养猪、牛、羊，经济收入渠道少。

中华人民共和国成立后，在独龙江的农业发展中，为了增加经济收入，摆脱贫困，在不同时期，以政府农林部门为主，曾经尝试推广过不同的经济作物种植，如泡桐、茶叶、核桃、花椒、板栗等，但都没有取得成功。

对于一辈子都在独龙江从事渔猎、刀耕火种的独龙族来说，他们的生产实践和传统知识中没有其他经济作物的种植经验，草果的推广种植经历了被动选择到主动选择的历程。

独龙江草果的种植最早始于 1988 年，是在巴坡村的木栏当小规模实验种植，

独龙江草果丰收（供图：贡山县委宣传部）

之后进行了小规模的推广种植。2007 年，独龙江乡政府开始推广草果种植，尽管草果苗是政府扶贫项目免费发放的，但大部分村民都没有意识到草果的经济价值，因此，即便去村里领了草果苗，也只是随便种下去，不进行管理，有的村民甚至将领回来的草果苗丢弃在路边任其干死。大多数村民当时还是主动选择放弃草果种植，以此规避从来没有见过也没有任何种植经验的草果种植失败风险。这个时期，农户依然选择投入大量时间精力、大量经济成本在自己熟悉的传统种植、养殖生产方式上。当然也有少部分脑子活络，外出见过世面，或者家族有亲戚在相关部门，有可靠信息来源的村民，抱着试试看的态度开始种植草果。

2007 年，独龙江乡累计完成草果种植 1 万亩；2009 年，累计完成草果种植 2.4 万亩。

2010 年开始的独龙江乡整乡推进独龙族整族帮扶项目中，草果种植也作为重要项目在不同的村子进行推广。

2012 年初，独龙江乡大面积推广草果种植，林业、农业等部门通过免费发放草果苗、送技术到家门等方式帮扶独龙族群众种植草果。2012 年，草果种植面积累计达 3.5 万亩，产量达 37.5 吨，产值约 30 万元，独龙江群众初步有了草果收入，村民开始关注草果的种植。

2015 年，独龙江乡的草果经济行情逐年上升，看到最早种植草果的村民有了经济收入，而且市场前景也不错，大部分村民才开始主动投入种植。村民不断向相关部门申请资助草果苗，当有限的资助满足不了需求的时候，大部分村民开始自己育苗扩大种植面积。

2016 年底，全乡草果种植面积累计达 65133 亩，种植面积是 2012 年的 1.8 倍，产量达 317 吨，是 2012 年的 4.7 倍。①

孔当村丙当小组 43 岁的木新荣不仅是小组内草果种植大户，而且还贷款大力发展养殖业，短短 5 年的时间，草果种植及独龙牛养殖都得到了很好的收益。

木新荣家种植了 60 亩草果，其中 40 亩是 2012 年政府第二批推广草果种植的时候就投入劳力种下的，20 亩是 2015 年贷款 5 万元自己育苗种植的，到 2019 年已经有 30 亩挂果。2017 年收获 3 吨鲜果，收入 60000 元；2018 年收获 5 吨鲜果，但由于市场收购价格降低，只收入 32000 元。在木新荣家的经济收入

---

① 数据来源：《2017 年独龙江乡基本乡情》。

中，草果的收入是大头，其次是靠贷款发展的独龙牛养殖、独龙鸡养殖。2018年，卖牛收入25000元，卖鸡收入2000元，加上国家的各项补贴，自己担任护林员，家庭收入接近10万元，家里有一辆汽车，一辆摩托车，在独龙江，木新荣算得上发展比较好的人家。问及是否满意现在的生活，以后有何打算，木新荣笑着说："还不满意，还想把房子加层扩大，使居住环境及卫生再提高。2019年5月我又贷款5万元，配合政府推广的葛根种植，种植了2亩，又和6户人家合伙养了50多只山羊，希望会有收获。"①

2015年就敢于贷款5万元用于发展草果种植和家庭养殖，对于生活在独龙江的普通独龙族来说是少见的例子。这对个人来说需要极大的勇气、信心和能力。木新荣的勇气、信心和能力来源于多年来党和政府出台的边疆少数民族特殊政策的扶持，来源于独龙江整乡推进整族帮扶中安居温饱的保障、基础设施的大发展、产业经济的培植及与外部市场的连接。这些都给了木新荣发展的希望，支撑他敢于通过信贷方式解决生产垫本，达到自我发展的目的。

由于地理条件的差异，独龙江的草果种植呈现南强北弱的特点。

表1 不同收入来源的比例②

	马库	巴坡	孔当	献九当	龙元	迪政当	平均
打工农户	33%	27%	45%	26%	32%	16%	31%
养殖户	40%	36%	68%	35%	73%	64%	53%
种植草果农户	100%	97%	98%	93%	73%	16%	83%
种药或养蜂农户	13%	12%	51%	51%	91%	72%	49%
从事商业或运输农户	13%	3%	4%	9%	0%	8%	6%

位于南部的马库、巴坡、孔当3个村，草果逐步成为村民主要经济收入来

---

① 资料来源：国家社科基金项目《国家政策主导下的独龙族发展》2019年5—6月在云南省怒江傈僳族自治州贡山县独龙族怒族自治县独龙江乡孔当村丙当小组入户访问。
② 数据来源：2018—2019年入户调查191户的统计（马库15户、巴坡33户、孔当53户、献九当43户、龙元22户、迪政当25户）。

源。村民开始主动评估自己土地种植草果的适应性，有地无资金投入或者有资金无土地的村民开始使用独龙族传统的"伙耕制"合作进行草果种植。

独龙族传统的"伙耕制"大多在亲戚、家族内部进行，较少有跨区域，更没有跨民族的"伙耕制"。现在独龙族在草果种植中的"伙耕制"已经扩大了传统的范围，形式多种多样。不仅有传统的亲戚、家族间的合作，也有不同村社亲戚朋友间的合作，甚至有跨越独龙江本地，与福贡的傈僳族、怒族，与贡山、昆明的汉族，与缅甸境内的独龙族的"伙耕制"，在这种新型的"伙耕制"中，不仅加强了独龙族与其他地区、其他民族的交流、交往，而且赋予独龙族传统的"伙耕制"更广泛的意义。

村民在山上收草果（供图：贡山县委宣传部）

　　家住独龙江乡孔当村孔美小组的木思忠先后和自己的堂哥、来独龙江支教的汉族研究生、丙中落的怒族合作种植草果，将这种"伙耕制"发挥到了极致。

　　出生于 1989 年的木思忠，家有父母、姐姐共计 4 口人，姐姐已经嫁到贡山县捧当乡的迪麻洛村子，在独龙江属于地多劳动力少的家庭。2015 年 3 月，即将从云南省德宏师范高等专科学校计算机现代教育技术专业毕业的木思忠来到家乡独龙江中心完小实习，遇到了在独龙江中心完小支教的云南大学生物科学系研究生李金城。两人三观相合，相谈甚欢，大有相见恨晚之意，自此成为无话不谈的朋友。一年后李金城支教结束返回昆明，两人还经常联系。此后每年李金城都会到独龙江找木思忠玩。2017 年，独龙江的草果行情很好，两人就商量合作种植了 10 亩草果。合作方式为木思忠投入土地，负责日常草果地的管理，李金城负责资金投入，收益对半分成，3 年来李金城共投入资金 9000 元，主要用于请工种植、除草及购买工具，预计 2022 年开始有收成。早在 2013 年，木思忠就和自己的堂哥合作种植了 10 亩地的草果，这次的合作是由堂哥投入土地，收入对半分成。因为是自己育苗，两人合作投入劳力，所以没有现金投入。2019 年收入 2000 元，2020 年收入 4000 元，2021 年有 1 万多元的收入。

　　问及两种合作方式的不同，木思忠觉得与堂哥的合作是基于父辈留下的传统，体现了亲戚、族人间在日常劳作中的劳动力互补、互助，以及相互的亲密关系，群体劳动过程也给参与者带来身心愉悦感和安全感。和李金城的合作就不同，木思忠强调："我们是朋友，这种合作不是以经济利益为基础。他是希望能帮助我发展起来，这个才是我们合作最大的目的。所以我自己能做的就尽量多做一些，草果苗也是从我们家地里移植的，没有花钱。"木思忠接着说，"我和丙中洛怒族一起种植的 15 亩就是纯粹的经济合作。其中我投入土地，他们投入资金，资金用于购买草果苗、请工种植、除草，扣除一切成本后收益三个人平分。"

　　木思忠在资金不足，只有土地资源的情况下，利用独龙族传统的"伙耕制"，扩大了草果种植面积，增加了经济收入，巩固了传统的亲属关系，同时还收获了汉族朋友的友谊。

　　对于不适宜种植草果的北部地区，除推广核桃、花椒、茶叶种植之外，政府农业部门一直在村子里小面积试种重楼、石斛等中药材，推广独龙牛、独龙蜂的养殖。2016 年底，全乡种植重楼 1577 亩、花椒 8700 亩、核桃 8000 亩、茶叶 94.5 亩。累计制作蜂箱 16600 箱，招养独龙蜂 5000 箱。2018 年又推广羊肚菌的

种植。2019 年开始在迪政当、龙元、献九当的集中安置点附近的土地上大面积推广羊肚菌、葛根的种植，同时开展中华蜂的养殖技术培训。[①]

由于草果经济效益好，南部村民不仅将自己的林地种上了草果，而且还将传统上用于种植杂粮的大部分土地也改种了草果，从而改变了传统自给自足，以杂粮、瓜果、根茎类种植为主的生产方式。尽管这种改变经历了一个村民自我选择、自我调适的过程。而北部地区的村民，虽然没有适宜种植草果的气候和土地，但是重楼、石斛等名贵中草药材的种植业，独龙牛、独龙蜂、中华蜂的养殖业逐步发展了起来。

表 2　生产性收入来源占户均毛收入的比例[②]

	马库	巴坡	孔当	献九当	龙元	迪政当	平均
草果	61%	77%	39%	35%	20%	6%	43%
打工	8%	17%	45%	10%	17%	9%	29%
养殖	4%	3%	9%	9%	11%	21%	8%
药材、蜂蜜	26%	1%	7%	43%	52%	52%	18%
商业运输	1%	1%	0%	2%	0%	12%	1%
其他	0%	1%	0%	1%	0%	0%	0%

村民们都说，以前种地做活很累，特别是到火山地做活，要烧山、挖地、除草，劳动中要喝点儿米酒才有力气。现在种草果轻松了很多，可以用割草机割草，5 个人的活计 1 个人就能干下来了，人一点儿都不累。

---

① 数据来源：《2017 年独龙江乡基本乡情》。
② 数据来源：2018—2019 年入户调查 191 户的统计（马库 15 户、巴坡 33 户、孔当 53 户、献九当 43 户、龙元 22 户、迪政当 25 户）。

表 3　2018 年独龙江乡经济作物统计表①

经济作物	羊肚菌	重楼	独龙蜂	草果
种植养殖数量	663 亩	1718.6 亩	4625 箱	6.986 万亩
产量	—	610 千克	4925 千克	1004 吨
产值	110 万元	—	70 万元	743 万元

2018 年底，全乡累计种植草果 6.8 万亩、产量达 1004 吨、产值约 743 万元，人均草果增收 1812 元。2019 年，人均草果增收 2648 元。草果已经成为独龙族群众经济收入的重要途径，是独龙族心目中的"金果果"和"绿色银行"。

经济发展渠道多

得益于独龙江乡整乡推进独龙族整族帮扶及精准扶贫的支持，2012 年至 2017 年，独龙江经济迅速增长，农民收入快速增加。

2007 年，独龙江全乡农村经济总收入 390 万元，比 2002 年增加 82 万元，5 年增长 26.6%，年均增长 5.3%；农民人均经济纯收入 747 元（含退耕还林补助），比 2002 年增加 216 元，5 年增长 40.7%，年均增长 8.1%。

2012 年，全乡农村经济总收入 848 万元，较 2007 年增加 458 万元，5 年增长 117.4%，年均增长 23.48%；农民人均经济纯收入 1610 元，较 2007 年增加 863 元，5 年增长 115.52%，年均增长 23.1%。

2017 年，全乡农村经济总收入 2069.07 万元，较 2012 年增加 1221.07 万元，5 年增长 144%，年均增长 28.8%；农民人均经济纯收入 4959 元，较 2012 年增加 3349 元，5 年增长 208%，年均增长 41.8%。

---

① 数据来源：2019 年独龙江乡政府给云南省委的汇报材料。

表 4　独龙江乡农村经济收入及农民收入统计

年份	全乡农村经济总收入（万元）	5年增长（%）	年均增长（%）	农民人均纯收入（元）	5年增长（%）	年均增长（%）
2002年	308	—	—	531	—	—
2007年	390	26.6	5.3	747	40.7	8.1
2012年	848	117.4	23.48	1610	115.52	23.1
2017年	2069.07	144	28.8	4959	208	41.8
2018年	2859.96	—	38.2	6122	—	23.5

　　在党和政府多年的关心和支持下，经过独龙族人民多年的艰苦奋斗，独龙江经济实现快速增长，独龙族群众的自信心和自我发展能力得到极大的提升。近年来，独龙族的生产方式已经发生了改变，大部分人都克服了集中居住区域无耕地、无饲养牲畜地点的局限，在政府的支持下，改变了传统上仅仅依靠粮食种植、牲畜养殖的单一生产方式，采取灵活多变的经济模式，快速跟上全国人民共同实现小康的步伐。独龙族生产方式从传统的农业生产逐步转变为以草果经济为主，多种经济形式并存的生产模式。

　　独龙族传统文化中没有经商的观念，而现在的独龙江，经商的独龙族群众越来越多，他们经营小商铺、跑运输、送快递、开农家乐、经营民宿，通过互联网销售独龙江的独龙毯、蜂蜜、草果等农副产品增加经济收入。昔日缺少商业意识，不会做生意、不经商的观念在独龙族中已悄然发生了改变。

　　献九当村丁拉梅小组32岁的丁尚华在独龙族创业致富的青年中是一个典范。2008年，19岁的丁尚华跟随福贡来独龙江招工的人去到广东打工，分别在鞋厂、电子管厂工作过，2011年回到独龙江。丁尚华说："亲眼看到外面的世界，外面的发展，我回来后就想通过自己的努力发展经济，改变自己的生活。"恰逢此时独龙江开展了热火朝天的整乡推进整族帮扶的扶贫活动，不论是发展机遇还是发展理念都是以前从未有过的。于是，怀揣梦想的丁尚华四兄弟一起起早贪黑地种草果、挖药材，积累了一定资金。2014年，丁尚华考了驾照；2015年，花

6 万元买了一辆微型车跑运输，开小卖部，同时从农户手里收购蜂蜜、药材集中卖给从外面进独龙江进行收购的老板。

村民售卖野生蜂蜜（供图：贡山县委宣传部）

112

2016 年，独龙江草果产量逐步提高，每家每户都要到草果厂排队交鲜果，费时费力，而草果厂没有能力进行组织收购。看到这个商机，丁尚华立即着手从农户手中收购新鲜草果并转卖给草果厂，从中获得了利益。很快，草果厂的老板主动上门寻求合作，提供收购资金及更好的收购价格，丁尚华的收购生意越来越红火。2018 年，独龙江草果产量倍增，丁尚华一个人忙不过来，于是就约了 4 个独龙族兄弟一起在独龙江的马库、巴坡、孔当、献九当、龙元 5 个村子收购草果。由于马库气候热，草果成熟早，所以他们 5 人一起先在马库收购，随后再分工在余下的 4 个村子分头收购，2018 年 9 月至 12 月草果收购当季，每个人赚了 1 万元。

2019 年 12 月，随着独龙江旅游景区被评为国家 3A 级景区，独龙江旅游环境治理使旅游接待质量得到提升，到独龙江旅游的游客逐渐多起来，独龙江本地从事旅游接待的独龙族也越来越多。丁尚华看到了这个商机，于是投资 30 万元，加上政府的补贴，开了一家名为"原始部落"的农家乐。农家乐不仅为游客提供食宿，而且还提供导游服务，一天可以接待 100 多人。因为自己及家人忙不过来，他还雇了 6 个服务员和 2 个厨师一起帮忙。

厨师培训（供图：贡山县委宣传部）

　　丁尚华从外出打工见世面、学技术到回乡创业致富，其中固然有其个人的商业能力及努力，但与这个时期独龙江精准扶贫发展进行的基础设施建设及外部宏观环境的改善是密不可分的。

　　独龙江以优越的自然生态环境，成为较多旅游探险及摄影爱好者的首选地方。独龙江的独龙族因此就有了一项专门的服务，即村民作为向导及背夫为旅游探险者提供服务。迪政当村的陈荣全是较早从事这项活动的独龙族。2004年，陈荣全就利用老房子开始接待来独龙江徒步的散客。由于不断与外来人员交流，增长了见识，加之陈荣全的脑子非常灵活，所以在为游客担任向导的过程中，又看到了虫草的商机，便到贡山县城打探行情，回来后就约了一个伙伴开始收购虫草，卖给进独龙江收购虫草的傈僳族老板。

　　陈荣全清楚地记得，他从单纯提供向导服务到开始系统进行旅游接待是有一次带一个安徽大学的游客经迪政当到西藏的察瓦龙，沿途看到很多旅店、农家乐生意很好，才产生的开旅店、做农家乐的念头。2014年，陈荣全贷款10万元在老房子的周边建盖了四合院，为游客提供住宿、饮食、向导服务、售卖独龙江土特产。2017年，陈荣全花4.5万元买了一辆二手的越野车，用于接待游客，也方便自己使用。在没有游客的时候，陈荣全每天都会开着车在独龙江或到贡山

县来回跑客运，增加经济收入。由于公路贯通，现在从事的向导服务比原来轻松了许多，不需要走很多路，主要是开着自己的车子，或载着游客，或为游客的车队带路。

2019 年，陈荣全旅游接待收入 15000 元，中药材收购收入 15000 元，再加上护林员补助及其他收入，年收入大概在 5 万元。

在整个脱贫攻坚阶段，持续不断进行的劳动力素质提升，以及鼓励独龙族青年外出就业、自主创业的政策措施，使独龙族群众在工程施工、种植养殖、旅游服务、木雕工艺、机动车驾驶、电子商务、酒店管理、乡村导游、农家乐经营等方面的知识和技能得到了提高。目前从事运输、旅游餐饮、个体经商、手工艺品制作和外出务工的独龙族群众占全乡总人口的 40% 以上，新兴的农村电商、直播带货等新业态加速了独龙族群众融入外部世界的进程，进一步奠定了独龙族自我发展奔小康的信心和基础。

挖掘机驾驶员培训（供图：贡山县委宣传部）

 社会事业保民生

中华人民共和国成立前，独龙江社会事业发展一片空白。中华人民共和国成立后，尽管独龙族的社会事业得到了极大的发展，但 2009 年前，独龙江教育、文化、卫生等各项社会事业和发达地区相比还是严重滞后。2010 年后开始实施的整乡推进整族帮扶及精准扶贫措施，使独龙江乡涉及教育、医疗、文化和社会保障的一大批民生项目建成并投入使用，彻底解决了独龙族教育、医疗卫生、妇女发展、文化发展和社会保障等一系列问题。

截至 2014 年末，独龙族小学生入学率、巩固率和升学率连续五年均保持100%；乡卫生院配备了彩超、X 光机、洗胃机、多功能麻醉机等乡镇卫生院必备的医疗卫生器材，村民就医看病得到了保障；独龙族博物馆、乡文化站、群众性文体活动广场、村民文化活动室、篮球场的建设，对独龙族传统文化的传承及保护发挥了积极的作用①。大力改善教育基础设施条件，实现义务教育和各村幼儿园全覆盖。落实 14 年免费教育，全乡学生入学率、巩固率和升学率连续保持 100%。完善乡、村两级医疗基础设施，健全服务体系，新型农村合作医疗和大病医疗保险参合率达 100%。建成中国首座独龙族博物馆，各村均完成村级文化活动中心建设，开展村级文艺活动成为常态。实现兜底保障全覆盖，建成 1个敬老院，集中供养 33 名孤寡老人，农村养老保险实现全覆盖，建成幸福公寓24 套。全乡 6 个村全部纳入边民补助范畴，选聘护边员加强巡边守边，实现脱贫增收和守护边疆互促共赢。

115

---

① 数据来源：《2010—2014 年度云南省怒江州贡山县独龙江乡整乡推进独龙族整族帮扶工作总结》。

 文化的发展

宗教

独龙语属汉藏语系藏缅语族，语支未定。历史上，独龙族没有自己的民族文字，仅用刻木记事、结绳算数及画图、刺绣图案来表达各种思想感情。独龙族的宗教信仰主要处在自然崇拜和万物有灵的原始宗教阶段。在独龙族思想观念中，人世间的一切事物和难以解释的现象都由"鬼神"支配，祸福全由"鬼神"主宰，为此，凡自然界的山岭、河流、大树、巨石等，都为其所崇拜。除崇拜神鬼外，独龙族还相信灵魂的存在。20世纪30年代，随着基督教传入贡山县，大部分独龙族开始信仰基督教，特别是缅甸木刻嘎一带的独龙族，几乎是全民信教。

马库村因地处边境，村民与境外独龙族来往密切，相比其他几个村子，马库村信仰基督教的群众多一些。马库村村民做事心比较齐，村里的独都教堂仅用半年时间就建成了。现在，独龙江有8座教堂，都是信教群众自己出资、出力修建的。南部村子的信徒比北部村子多，特别是下游的马库、巴坡，信教群众较多。独龙江几个教堂的牧师由当地村民担任。

服饰及妇女文面

独龙族的传统服装一般上衣为黑白直条相交的麻布或棉布衣，下穿短裤，习惯用麻布一块从左肩腋下斜拉至胸前，袒露左肩右臂，左肩一角用草绳或竹针拴结。男子用一床毯子披于背后，由左至右腋，拉向胸前系结，下身穿短裤，唯遮掩臀股前后。女子用两床长布，从肩部斜披至膝，左右围向前方。男女皆散发，前齐眉、后齐肩，左右皆盖耳尖。两耳或戴环或插精致的竹筒。独龙族的佩饰颇具特色，男女均喜欢把藤条染成红色作为手镯和腰环等饰物。男子出门必佩砍刀、弩弓和箭包；妇女头披大花毛巾，项戴料珠。

现在独龙族普遍穿上了现代的布料衣装，特别是青年男女，全部着现代汉服。由于互联网购物的便捷性，所着服装款式非常新潮现代，与大城市的已无区别，所以在独龙江仅从衣着已经完全分辨不出民族身份。

独龙族妇女传统上有文面的习俗，且文刺图案仅限于面部，不同于其他少数民族的文身。对于独龙族的文面，有几种解释，一说是为了美化装饰；二说是为了防止西藏察瓦龙土司掳掠为奴；三说是为了划分氏族、家族集团所做的标记。

还有的学者认为这与独龙族的图腾崇拜有关。在课题组调研过程中发现，现在的独龙族年轻人普遍不接受文面，觉得文面不好看，是陋习。独龙族长者多认为，文面是老一辈人传下来的风俗，文面的人死后很好看，因为人死后血液停止流动，脸上所文的图案明显。实际上，独龙族女性文面的原因与成年有关，因为只有文面后才能恋爱、结婚，所以独龙族少女的文面具有成年标志的意义。①

年长的独龙族妇女，特别是文面女，多数认为文面很漂亮。提起年轻时文面的情况，龙元村二组80多岁的独龙族文面女江林清老奶奶回忆说："我十六七岁的时候，看到村里其他人文面，我也想文。我是自愿文面的，当时很兴奋，觉得漂亮，不承想永远也拿不掉了。我们有三个人一起文面，我的花纹不如她们的漂亮。"

正在文面的独龙族姑娘（供图：云南省社会科学院图书馆馆藏资料）

---

① 资料来源：《传统与发展——云南少数民族现代化研究之二》，罗荣芬：《独龙族婚姻家庭风俗考察》，中国社会科学出版社，1990，第468页。

中华人民共和国成立后，随着民族间的交往日益增多，大家都认为文面是落后的习俗，自 20 世纪 60 年代以来，独龙族摒弃了妇女文面的习俗。

节庆

独龙族的传统节日为"卡雀哇"（新年节），是一年中最隆重的节日。过去，时间一般在冬腊月间，一般为 3 天，没有固定日期。1991 年，贡山独龙族怒族自治县人大常委会根据独龙族人民的意愿，把每年的公历 1 月 10 日定为独龙族的"卡雀哇"节。节日里，举行隆重的剽牛祭天仪式，祈求来年五谷丰登、和平安宁，也是独龙族人民结交朋友、走亲串戚、进行商贸活动的重要时节。

2006 年，独龙族语言、独龙族民歌和独龙族"卡雀哇"节被列入云南省级非物质文化遗产保护名录，独龙江乡独龙族传统文化保护区被列入省级非物质文化遗产保护区。2008 年，独龙族"卡雀哇"节被列入国家级第一批非物质文化遗产名录。

整乡推进整族帮扶以来，独龙江涉及文化事业的基础设施建设取得突破性发展。乡文化站和村文化活动室的建设及各村文化活动室影像设备、相关科普书刊的配备；28 个篮球场的修建；独龙族博物馆和 2 座占地面积共 4500 平方米的群众性文体活动广场的建设，满足了独龙族群众对文化活动的需求，进一步夯实了社会主义新农村精神文明建设的基础，对建设文明、和谐、美丽的独龙江起到重要的作用。

随着文化事业基础设施的建设，独龙江境内文化氛围浓郁，在村委会的带领下，弘扬爱国主义精神，开展多种形式的爱国主义教育和感恩活动。县级科技、文化、卫生部门开展"三下乡"活动，通过开展形式多样、内容丰富的文化体育活动，不断丰富广大干部职工和群众的业余文化生活。

鼓励和支持独龙族传统手工艺制作、民俗歌舞等文化遗产和非物质文化遗产的传承和发展。举办竹制品加工、手工木工等传统手工艺技术培训，组织独龙族群众参加省人社厅在贡山县组织的创业培训、参与昆明技工学校开展的厨师培训、到大理州剑川县陈家木雕培训。推进"土蜂计划"工作，组建了 6 支农民文艺演出队伍，使独龙族青年人积极参与本民族传统文化、传统技艺的传承与保护。

家庭与婚姻

中华人民共和国成立前，独龙族的婚姻基本是一夫一妻制，但氏族外婚制、

转房制、家长多妻制等原始婚姻形式依然并存。独龙江有 15 个父系氏族，各氏族在经济、政治、婚姻方面都有密切的联系，保持着固定的氏族外婚姻圈。

中华人民共和国成立后，随着生产力的发展，生产劳动日益个体化，一夫一妻制的个体家庭便从家族公社中分裂出来，成为独龙族社会经济的基本组织形式。这种家庭仅包括夫妇及其子女，儿子婚后便要另立火塘，建盖房屋与父母分家，成为一个相对独立的个体。最小的儿子婚后与父母共同居住，承担赡养父母的义务。

据 1955 年人口调查数据，独龙江有独龙族 273 户 2354 人，户均 8.6 人。2018 年的统计数据显示，独龙江有独龙族 1149 户 4112 人，户均 3.6 人。

独龙族儿女的婚姻传统上是由父母作主，有的婚姻是双方父母从小就订下的，订婚时男方家庭和女方家庭都会互送礼物，如遇成年时需要退婚，不论哪方提出退婚都需要退还订婚时的礼物。一旦形成婚姻关系，独龙族很少离婚，那种多次离婚的情况更是稀少。如遇婚后夫妻感情不和，妻妹可以来顶替，而妻子又可以重新出嫁。

现在独龙族男女大部分都是自由恋爱，但提亲订婚依然保持传统的做法，只是融入了一些现代的、外来文化的元素，而且聘礼比以前更多。孔当村一带娶媳妇提亲要送三四次聘礼。男方要杀一头猪，送锅、铁三脚、油、茶、盐巴、酒等，一次大概花费七八千元。此外，还要看女方家有几个男性，按男性人数购买锅、铁三角、盆子等生活用品，几次下来，要花费三四万元。最后一次提亲，女方还礼，杀一头猪，也看男方家有几个男性，按人数买生活用具送给男方。

随着独龙江公路的贯通及网络的发展，各民族交往、交流、交融发展，传统的独龙族婚姻圈开始扩大，出现了独龙族与怒族、傈僳族、汉族、傣族、佤族、藏族通婚的情况，通婚地域不仅扩展到同一地州的不同县市，也涉及全国不同的省份及缅甸境外的独龙族。

119

基督教传入独龙江之初，严禁教徒和非教徒通婚，打破了传统的婚姻圈。现在这种情况也有所改变，同一个家庭内夫妻仅有一方信教的情况普遍存在。

一直以来，缅甸木刻嘎的独龙族与独龙江的独龙族民间往来较多，由于同族互相怜惜，隔阂几无，偶有通婚。但 2011 年前后，缅甸规定其独龙族女子不得许配给独龙江男子，谁家犯忌就抓去坐牢。对于中缅独龙族通婚，中国政府的态度是既不控制也不鼓励。2014 年，贡山县民政局仅登记了 3 例涉缅的独龙族婚姻。整乡推进整族帮扶以来，独龙江的经济社会快速发展，独龙族的生活发生

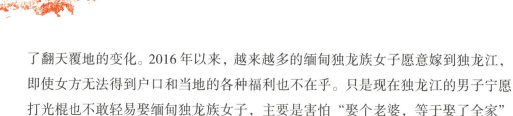

了翻天覆地的变化。2016 年以来，越来越多的缅甸独龙族女子愿意嫁到独龙江，即使女方无法得到户口和当地的各种福利也不在乎。只是现在独龙江的男子宁愿打光棍也不敢轻易娶缅甸独龙族女子，主要是害怕"娶个老婆，等于娶了全家"的情况发生，怕对方的三亲六戚，你来我往，吃吃喝喝，把家底耗光。

自从独龙江公路修通，独龙族与外界的接触增多，独龙族女子外嫁的人数逐年上升。以马库村为例，独龙江公路一通，马库村每年都有姑娘外嫁，多的时候有 10 个左右，所以现在马库村 70 后、80 后单身男子多。主要原因是有些人自年轻时代起，就沉溺于喝酒，爱喝酒的男子，独龙族姑娘是瞧不上的。孔当村孔当二组，全村 28 户 191 人，目前单身男子 10 人，年龄最大的 38 岁，最小的 25 岁。他们的情况不尽相同，家里穷、父母逝、未读书、性格腼腆无法与女孩子交流，有适婚的又是亲戚关系，不能嫁娶。献九当村有 8 个单身男子，其中，有的经济条件不差，是自己不想找媳妇或没有合适的女子。单身男子在 2008 年前退耕还林发粮食期间，粮食基本够吃。现在一个人生活，不会计划，钱也难挣，有时候粮、油都要赊着吃，有的一年要赊两袋大米。2014 年至 2019 年，独龙江的独龙族女子与外族通婚者 52 个，出嫁到河南、河北、四川等省份，嫁在独龙江的只有 8 个。

教育事业的发展变化

中华人民共和国成立前，独龙江没有教育机构。1953年，人民政府在独龙江乡开办了第一所小学孔目小学，但半年后停办。1956年，在巴坡村创办独龙江中心完小，正式拉开了独龙江教育的序幕。

1969年，独龙江创办初中，1980年7月停止招生。2006年，独龙江重新开办初中，在中心完小的基础上发展成为现在的独龙江九年一贯制学校。2012年，随着"集中办学"政策的全面推进，独龙江初中部全部撤并到贡山一中，独龙江九年一贯制学校改为独龙江中心完小。2013年9月，在独龙族群众的强烈要求下，独龙江又恢复初中招生。

2009年前，独龙江师资力量薄弱，独龙族受教育年限仅4.7年，文盲率高达33.07%。

2009年至2014年，独龙江乡整乡推进独龙族整族帮扶教育项目共投入资金1093万元，分别用于独龙江九年一贯制学校教学楼、学生宿舍、食堂、教师廉租房，龙元小学学生食堂，巴坡小学学生食堂，钦郎当小学教学楼、学生食堂、学生宿舍的建设。1953年建立的孔目小学，改变了独龙江没有学校教育的历史，但校舍建筑面积仅有200余平方米。现如今独龙江全乡学校占地总面积为23587.1平方米，其中九年一贯制学校占地面积为16180.1平方米。全乡校舍建筑总面积为6416平方米，独龙江中心学校校舍建筑总面积为4084平方米，已经成为贡山县最漂亮、最具特色、设备配置最好的乡镇学校。

2015年，独龙江乡的平均受教育年限已由2009年的4.7年提升到了5.3年。2017—2018学年，独龙江乡小学入学率100%，初中毛入学率102.2%，义务教育阶段辍学率为0。[1]

121

2019年9月，独龙江乡按政府"一村一幼"的规划实现了学前教育的全覆盖。在十四年免费教育、"两免一补"义务教育阶段推行学生营养改善计划补助政策、创建"一中心、四平台"的资助平台，并协调来自社会各界的爱心援助、爱心助学，独龙江贫困学生上学难的问题得到了缓解，农村贫困学生因贫辍学的

---

① 数据来源：《贡山县教育局2009—2014年独龙江乡整乡推进独龙族整族帮扶建设项目工作总结》。

情况得到改观，实现了从小学到大学无一人因贫辍学。[①]

孔当村腊配小组 35 岁的孔剑伟就是享受政府资助完成的中等教育。2003 年至 2006 年，孔剑伟在云南省建筑工程学校省民委民族班学习，获得中专毕业文凭。在三年的学习中，除学费、杂费全免外，每个月还有生活费补贴 180 元，家里每年只需要拿 1000 元左右的生活费即可。谈到三年的学习对自己的影响，孔剑伟说："非常感谢党和政府给我提供了这个学习的机会，这对我个人的发展帮助特别大。我学会了汉语，看到了外面的世界，接触到了不同的文化，还学到了专业的建筑技术。"

学成回到家乡后，孔剑伟就在家里帮助父母从事种植、养殖业。在 2013 年独龙江大多数农户还没有大规模种植草果的时候，孔家就投入 3 万元种植了 45 亩草果，加上政府扶持的 15 亩，总共种植了 60 亩草果。2017 年草果收入 1.6 万元，2018 年收入 3 万元，2019 年收入 4 万元。2017 年贷款 4 万元发展养蜂，养了 40 多箱，2018 年收入 2.5 万元（熊吃 15 箱，损失 1.5 万），2019 年收入 3.2 万元（熊吃 14 箱，背走 1 箱，损失 1.5 万元，保险公司赔偿 14 箱，每箱 500 元，得到 7000 元赔偿，实际损失 8000 元）。孔剑伟一家 5 口居住在一套安居房里，房子不够住，2018 年，学习过建筑专业知识的孔剑伟向乡政府申请在自家宅基地加盖一间 23 平方米的客厅，获得批准后，仅花费 8000 元材料费，2000 元生活费，不算备料的时间，两个星期就盖好了。

谈到自己读书的经历和自己回家后家庭经济的发展，特别是说起自己亲手设计、亲自带领工人建盖房屋的过程，孔剑伟除了感谢政府提供的教育支持外，脸上始终洋溢着自信、自豪、幸福的笑容及对未来发展充满信心的神情。

医疗卫生事业的发展

独龙江乡卫生院

独龙江乡中心卫生院建于 1955 年 10 月，地址在今巴坡村。因独龙江地区与缅甸毗邻，卫生所成立后，医疗服务辐射整个独龙江地区的独龙族群众，对当时中国、缅甸两国未划定国界区的人民产生了很大的政治影响，使他们对中国

---

① 数据来源：贡山县教育体育局提供的资料《独龙江乡教育发展情况》。

共产党和中华人民共和国留下了良好的印象。经过多年的发展，目前卫生院占地面积约 3946 平方米，其中业务用房 2 幢，面积约 1280 平方米。编制病床 20 张，实际开放病床 15 张。卫生院设有放射科、儿科、检验科、妇产科、外科及预防、保健、卫生监督协管、居民健康档案、新型农村合作医疗服务管理等科室。主要设备有 B 超机、DR、全自动生化分析仪、半自动尿液分析仪和血液分析仪、心电图仪等仪器。

卫生院编制 22 名，现有在编职工 15 人。其中，临床医生 6 人，护士 4 人，财务 1 人，检验 3 人，影像 1 人，农村医学 1 人。15 人中本科学历 1 人，大专学历 14 人。卫生院管辖孔当、迪政当、献九当、龙元、巴坡、马库村 6 个村卫生室，共有 9 名乡村医生（7 男 2 女），均持有乡村医生从业资格证；其中 6 人为中专学历，3 人为大专学历。所有村卫生室均按照标准化村卫生室建设。独龙江 6 个村委会的每个村医务室都配备有 1 ~ 2 名村医，但村医的接诊治病能力有所差异。

目前卫生院使用全人群的健康档案信息系统、家庭医生签约服务信息系统、城乡医疗保险支付管理信息系统、远程医学诊疗、"健康小屋"智慧医疗系统，管理服务辖区内居民的健康状况，为居民提供个性化的基本医疗及基本公共卫生服务工作。2017 年，共签约了 907 户 3123 人，其中建档立卡户 158 户 614 人，目前签约 614 人，签约覆盖率 100%。

新型农村合作医疗

新型农村合作医疗政策执行以来，虽然政府一直面向村民推进村民参与，但仍有部分村民对合作医疗的认识不够，独龙江 6 个村新型合作医疗参保率基本保持在 95% 左右。

2014 年，全乡新型农村合作医疗参合人数达 3978 人，参合率达 96.97%；2017 年底，全乡新型农村合作医疗参合人数 4032 人，城镇医疗参合人数 72 人，参合率达 100%。

2017 年，贡山县建档立卡贫困人口在县人民医院住院时，无须缴纳住院押金，只需持社会保障卡、有效身份证件通过绿色通道办理入院手续，并与医疗机构签订先诊疗后付费协议，即可住院治疗。住院费用可以通过医疗保险、大病保险、医疗救助、临时救助报销，个人自付不超过这笔费用的 10%。对确有困难，出院时无法一次性结清自付费用的建档立卡贫困户，可与医疗机构签订先诊疗后付费延期、分期还款协议，办理出院手续。该诊疗服务模式自 2017 年 9 月 1 日起，在各乡镇卫生院全面实施。

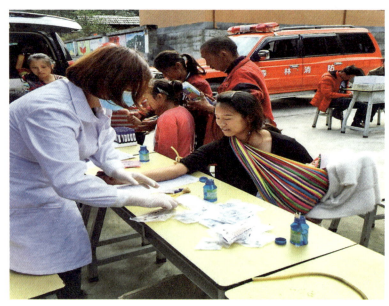

医务人员在迪政当村为农户检查身体（摄影：薛金玲）

妇女卫生健康及发展 [1]

1. 妇幼保健

中华人民共和国成立后，政府逐步加强妇女生育健康工作，自 1951 年开始进行妇女病的防治。1989 年，贡山县妇女的子宫脱垂、尿瘘两病连治取得突破性进展，经云南省卫生厅考核验收，对患有"两病"的妇女随访率达到 100%，子宫脱垂治疗率达到 96.88%；尿瘘治愈率达到 100%。[2]

---

[1] 薛金玲：《云南独龙族妇女发展报告》，载《云南妇女儿童发展报告》（2019—2020），云南人民出版社，2020。

[2] 数据来源：《贡山独龙族自治县卫生志》（原始稿），第 35-36 页。

表5 贡山县1988年至1992年新法接生统计表

年份	1988年	1990年	1991年	1992年
新法接生员（人）	192	185	—	—
新法接生率（%）	62.68	87.4	73	72.6

1953年，刚刚成立不久的县卫生院把新法接生工作提上议事日程，3月，县卫生院培训新法接生员42名。1993年后，卫生部门在全县有条件的村寨，大力宣传妇女围产期保健知识，开展婚前保健、产褥期保健，降低难产发生率和孕产妇死亡率。

2. 孕产妇健康管理情况

随着独龙江乡整乡推进独龙族整族帮扶政策及云南省妇女儿童发展规划各项工作的实施，独龙江乡孕产妇健康管理工作也得到极大改善。2016年至2018年，独龙江乡孕产妇新法接生率都达到100%。

独龙江乡孕产妇的健康管理在不断完善，住院分娩率逐年提升，高危孕产妇发生率逐年下降。从表6的统计数据可以看出，孕产妇活产数自2016年至2018年保持一个稳定的比例；孕产妇系统管理率从2016年的43.59%上升到2018年的96.42%，贡山县2018年的孕产妇系统管理率为96.61%，有大幅度的提升；住院分娩率也呈逐年上升的趋势，2018年达到96.34%，和2018年贡山县孕产妇住院分娩率98.84%和贡山县农村孕产妇住院分娩率98.29%相比还有一定的差距。

表6 2016年至2018年独龙江乡孕产妇管理

年份 / 类别	孕产妇数（人）	活产数(人)	健康管理数（人）	系统管理率（%）	住院分娩数（人）	住院分娩率（%）
2016	78	76	34	43.59	65	85.53
2017	86	85	71	82.56	81	95.29
2018	84	82	81	96.42	79	96.34

从表7可以看出，独龙江乡对高危孕产妇的管理也呈现出稳定发展的趋势。2016年至2018年，高危孕产妇的管理都达到100%；高危孕产妇住院分娩率达到了规划目标。

表7 2016年至2018年独龙江乡孕产妇高危管理

年份＼类别	筛查高危数（人）	高危管理数（人）	高危管理率（%）	高危住院分娩率（%）
2016	5	5	100	100
2017	32	32	100	96.88
2018	59	59	100	96.61

但由于卫生院技术及检查条件有限，独龙江乡危急孕产妇救治依然存在问题，2016年至2018年虽然没有发生孕产妇死亡案例，但仍然存在死胎、死产情况；早产儿、出生低体重、出生缺陷等情况还存在。此外，孕产妇系统管理率距离规划目标85%以上的指标还有很大的距离。

3.“两癌”筛查及妇女病普查

2016年，独龙江乡宫颈癌筛查154人，其中，滴虫性阴道炎4人，霉菌性阴道炎2人，细菌性阴道炎64人，宫颈癌可疑阳性6人。

2017年，独龙江乡宫颈癌筛查302人，其中，滴虫性阴道炎2人，霉菌性阴道炎2人，盆腔积液34人，附件囊肿6人，宫颈癌可疑阳性22人。

2018年，独龙江乡宫颈癌筛查199人，其中，滴虫性阴道炎2人，霉菌性阴道炎1人，细菌性阴道炎85人，盆腔炎47人，宫颈炎77人，宫颈息肉13人，子宫肌瘤2人。乳腺癌筛查184人，乳腺癌分级2级及以上13人。

通过“两癌”筛查、妇女病普查及妇女常见病防治知识的宣教，独龙江乡妇女的健康意识在逐年提高，妇女常见病发生率在逐年下降。目前独龙江乡还没有发现“两癌”的确诊病例。

4.妇女的发展及变化

（1）各类宣传和培训提升了独龙族妇女的能力。为确保独龙江乡独龙族妇女文明素质培训工作正常举办，怒江州每年都成立以怒江州妇联主席为组长，怒江州妇联副主席、贡山县妇联主席、独龙江乡分管领导为副组长，怒江州发展科、

贡山县妇联职工、独龙江乡妇联干部为成员的培训工作领导小组。每年就独龙江独龙族妇女文明素质提升培训工作召开专题会议，制订培训方案，分解工作任务，推进培训工作的落实。

2013年至2018年，县妇联在独龙江乡连续开展了6期独龙族妇女文明素质提升培训，培训独龙族妇女1600余人，在深度贫困人口较少民族地区，打造省、州、县、乡四级妇联共同"构建兴边和谐家庭，巾帼共建美丽家园"示范点。培训内容涵盖男女平等基本国策、两个规划实施细则、文明生活养成基本常识、贷免扶补政策、妇联业务知识、健康扶贫及妇幼保健常识、种植养殖技术、禁毒防艾、反邪教宣传、感党恩跟党走、学唱民族歌学跳民族舞、独龙毯手工编织技能、家庭保洁、生态环境保护、疾病防控、旅游接待、家庭教育、家庭理财、厨艺水平等。

通过培训，独龙族妇女在法律意识、种植养殖技术、旅游接待常识、禁毒防艾、妇女卫生保健、家庭理财、居家环境卫生、家常菜制作、民族歌舞和民族手工艺传习等方面的知识和技能都有了较大的提高，妇女的精神面貌及村容村貌有很大的改观。

孔当村妇女整理家庭内务，保持家庭环境干净、整洁，在微信群推出"每日一晒"活动以来，独龙江全乡村容村貌得到了较大的改观，处处呈现出干净整洁的景象，乡村美景随处可见，每日清晨收拾内务、打扫庭院等已成为村民们的常态化活动，逐渐解决了农村家庭环境卫生脏、乱、差的问题。

感党恩、跟党走，学唱民族歌、学跳民族舞的培训之后，各村妇女干部积极发挥"妇女之家"的作用，以"党建带妇建、妇建服务党建"的工作思路，把所学的知识带回村、组，传授给家人、邻里，引领她们在空闲时间学唱民族歌、学跳民族舞，这不仅丰富了妇女的精神文化生活，同时也提升了基层党员活动场所的使用率。

独龙族妇女在6年间不断得到不同知识和实用技术的培训，妇女能在自己的平台上进行交流互动。这极大地增强了妇女发展的自信心，提高了妇女在生产、生活中应对各类问题的能力。

（2）支持妇女参与经济发展。在整乡推进整族帮扶的扶贫工作中，农业、林业、民宗、社保等政府部门按规划在独龙江乡开展了草果种植、山药种植、重楼种植、葛根种植的技术培训和种植指导，同时还开展独龙牛、独龙鸡、独龙猪、中华蜂的养殖技术培训，不少妇女参与了这些培训。县妇联也请种植、

养殖专家针对独龙族妇女进行培训，提高了妇女的技术水平，增加妇女的经济收入。

在 133 名生态护林员中，有 5% ~ 6% 是妇女，这也是妇女一个稳定的经济收入来源。

孔当村的 3 名妇女和献九当村的 1 名妇女使用妇女循环金贷款积极创业。孔当村的妇女肯秀泉使用"贷免扶补"贷款 10 万元开起了农家乐，自 2018 年 6 月开业，她就有了自己稳定的经济收入。

2015 年 4 月中旬，在共青团怒江州委、共青团贡山县委的积极协助下，由北京当代艺术基金会发起，上海素然服饰、云南省青年创业就业基金会联合主办的"中国少数民族文化发展与保护项目"，资助 2 名独龙族妇女和 1 名当地项目负责人到上海参加为期一个月的培训。培训主要内容是项目运作管理和独龙毯纺织加工技艺。计划在独龙江组建生产合作社，带动更多独龙族妇女参与到项目中，带动当地的独龙族妇女参与独龙毯大批量手工纺织生产工作，让更多独龙族妇女拥有就业和创业的机会，不断增加经济收入。

随后，独龙江乡献九当村选派 10 名妇女到上海学习纺织技术，回来后在村里传授技术，并以订单来料加工的形式组织妇女编织毯子。该项目设计的毯子与传统独龙毯的编织在花样、尺寸、颜色，以及线的粗细上都不一样。村民按订单织布，上海公司提供花样、尺寸及编织用的线，按 400 元 / 条收购，妇女 3 天可以编织一条，而传统的独龙毯需要一个星期才能编织一条，售价是 600 元 / 条，刨除成本，每条可以赚 400 元，但妇女付出的时间却是订制毯的双倍。然而，订单生产项目的运作并没有像设计之初那样快速在妇女中展开。订单生产只是在外出参加过培训的妇女中进行。没有参加培训的妇女们认为，与传统的独龙毯相比，还是传统的好看，因为订单所编织的毯子颜色以黑、白、灰为主，比较素，线很粗，编织出来的毯子不密实；独龙毯的线很细，编织起来很密实，而且有 10 种颜色，像彩虹一般绚丽多彩。

（3）妇女的生活质量提高。在传统的居住模式中，因为不通公路，妇女经常要背负重物行路，生病也不能及时得到医治，孕、产妇几乎不做定期产检，也不到医院生产；没有电，晚上做不了家务，白天要忙地里的活计和家务，没有休息时间，人很累。

在水电入户，村组公路通到家门口，每个村组都建有公共厕所和洗澡间的集中居住区，交通便捷，妇女再也不需要背负重物走远路；生病能及时寻医问药，

怀孕的妇女都定期到乡卫生院或县医院产检，到医院生产；妇女们劳动归来，晚上在明亮的电灯下还有充足的时间从事各项家务劳动；清洁安全入户的饮用水、公共厕所、公共洗澡室都极大地提升了妇女的生活质量。

传统角色中，妇女除了参与生产劳动之外，还要承担繁重的家务劳动，洗衣、做饭、春米、织布等占用了妇女大量的时间。在集中居住区，政府为每个家庭发放了十一类家用电器。洗衣机、电饭煲、电炒锅、电动打茶机的使用，减少了妇女做家务的劳动时间；消毒柜和电冰箱的使用，确保了全家人的身体健康；自2004年退耕还林以来，所有的家庭都是吃现成的大米，妇女不再手工春米，减轻了妇女的劳动量；由于集中居住区没有地方养猪、鸡，没有菜园子，所以妇女也不需要从事这些传统的劳作。所有这些改变节省下来的时间，妇女可以搞个人卫生、家庭卫生，看电视，陪孩子看书写字，晚上还可以在明亮的灯光下编织独龙毯补贴家用。

（4）妇女交流及社区活动。在传统半山腰的居住模式中，大多数独龙族的房屋都是单家独院，居住分散，除了传统节日或婚丧嫁娶，家族之间会有来往、走动之外，妇女们通常都只在自己居住地周围活动，私下里互相之间没有任何交流，乡村妇联很难组织妇女活动。自从搬入沿江而建的新居后，妇女们经常私下走动、串门聊天。用她们的话来说："人开朗了许多，心情也好起来了。"闲暇的时候，妇女们会到村活动室打乒乓球，到球场打篮球、跳舞，村组妇女干部也会组织妇女在社区搞一些活动。例如，巴坡村拉王夺小组的妇女在小组长和妇女主任的组织下集体种植了1亩多地的草果，妇女们集体劳动，集体管理，收入用于开展妇女活动。她们计划着等以后这1亩多地的草果经济收入多了，可以用来买礼物看望村里的老人、病人，给家庭困难的学生补助，给外出开展工作的妇女报销车费，等等。妇女们有时候也会自己凑钱，或者帮别人收草果，将报酬放到一起，用于三八妇女节组织活动。

 社会保障

社会保障是社会安定的重要保证，各项社会保障制度、民政赈灾救济工作，是解决民生问题的重要途径之一。中华人民共和国成立以来，不同时期国家社会保障政策是独龙族群众基本生活的保障。2012年6月，投入使用的独龙江乡养

老院，投资 300 万元，建筑面积 1046 平方米，可集中供养 60 人。2012 年集中供养 40 人，2018 年集中供养 28 人。

除老人自己的社保、高龄补贴外，县民政局还给院内老人每月每人 400 元的生活补助。其余杂费，如水电、柴火、车辆、通信等多由民政拨款或社会捐赠。为缓解养老院运作的经济压力，有劳力的老人及养老院职工还一起耕种 20 亩的集体土地，种植玉米、土豆、芋头等作物补贴养老院的日常生活，同时，每年还饲养 7 ~ 8 头猪，基本满足了院内的需要。此外，乡政府民政科还专门设立一笔农村医疗救助款，老人生病时可以使用。

2007 年以前，贡山县民政局在农村主要开展赈灾、救济、五保供养等活动。针对地处边远的独龙江，每年大雪封山之前，民政部门都会优先组织骡马将御寒物资、救济粮等生活物资运往巴坡，保障独龙江 4000 多军民的基本生活。

虽然早在 1999 年贡山县就开展城市居民最低社会保障制度，但直到 2007 年这项工作才开始在农村进行。当时低保覆盖面窄，补助金额少，2007 年全县仅有 2879 户 9000 人享受农村低保，分三个档次，即 40 元人 / 月、30 元人 / 月、20 元人 / 月。2008 年增加到 6454 户 16000 人，标准也提高到 60 元人 / 月、50 元人 / 月、40 元人 / 月。[1]之后每年低保覆盖面不断扩大，补助金额也在上调。

表8　2012 贡山农村低保按标施保标准

	收入（元）	差额（元）
一档	300 ~ 1200	250 ~ 1200
二档	1200 ~ 1300	150 ~ 250
三档	1300 ~ 1366	84 ~ 150

2011 年，独龙江乡 1128 户，享受农村低保 926 户 3794 人，占农业人口的 95.3%。2012 年，独龙江全乡有农业人口 1086 户 3954 人，当年纳入低保 1026 户 3744 人，发放额度采取按标施保，补足差额，具体标准如表 8 所示。

2012 年，独龙江低保按 1450 元 / 人标准，以各户人均经济收入核算，最高的补到 750 元 / 人，最低的为 100 元 / 人。

---

① 数据来源：《贡山独龙族怒族自治县志》（1978—2008）（送审稿），第 460 页。

2013 年，独龙江有 1030 户 3769 人纳入低保，占全乡农业人口数的 90.86%，分别享受 312 元 / 人（400 人）、282 元 / 人（2861 人）、252 元 / 人（508 人）的农村最低生活保障金；2014 年按 2013 年的标准发放；2015 年，有 3314 人纳入低保，分别享受 459 元 / 人（749 人）、429 元 / 人（1689 人）、399 元 / 人（876 人）的农村最低生活保障金；2016 年按 2015 年的标准实施。

2017 年以后，随着脱贫攻坚取得巨大成效，独龙江群众经济收入快速增加，独龙江享受低保的群众人数逐渐下降。2017 年，独龙江政策兜底户共 9 户 31 人，其中，建档立卡户 5 户 15 人，地方政府重点帮扶户 4 户 16 人。

2018 年，独龙江共有 250 户 917 人纳入低保，分为长期保障户 240 元每月每人（35 户 81 人）、重点保障户 165 元每月每人（81 户 282 人）、一般保障户 120 元每月每人（135 户 540 人）。

 # 生态保护促发展

生态是独龙江的亮丽名片，是独龙江发展的最突出优势。认真贯彻落实习近平生态文明思想，坚持在发展中保护好独龙江的山山水水、在保护中发展好独龙江的经济社会，把独龙江打造成为"绿水青山就是金山银山"的实践基地是独龙江乡党委和广大独龙族群众的共识。

根据云南省环境保护厅、云南省发展和改革委员会、云南省林业厅印发的《云南省生态保护红线划定方案》，贡山县生态保护红线面积为 3828.04 平方千米，生态保护红线面积占比为 87.41%。

2016 年，为全面贯彻《中共中央 国务院关于打赢脱贫攻坚战的决定》中关于"利用生态补偿和生态保护工程资金使当地有劳动能力的部分贫困人口转为护林员等生态保护人员"的要求，贡山县制定《建档立卡贫困人口生态护林员选聘办法》，在独龙江乡率先建立推行生态护林员、河道管护员、地质灾害监测员、乡村卫生保洁员、护边员制度，壮大生态管护力量，强化生态保护。对于选聘的生态护林员每月有 800 ～ 1000 元的补贴，使建档立卡贫困人群有了固定的收入。首批护林员指标给独龙江乡 133 名，此后每年增加护林员等生态保护人员的指标。

2017 年，贡山县林业局制定《贡山县生态护林员管护制度》和《贡山县生态护林员考核办法》，森林资源管护大队开展全县生态护林员业务知识培训，参

训人数 2394 人，与 2615 名生态护林员签订《聘用合同》。完成全县 26 名森林资源管护小队长招聘工作及岗前培训，为 2565 名生态护林员购买雇主责任意外伤亡保险。

2017 年，在贡山县林业局及贡山县森林管护大队的领导下，独龙江乡建立森林管护中队，把独龙江 248 名护林员按照村委会编制，划分为 6 个森林资源管护小队，每个队选出小队长，独龙江森林资源管护中队对小队长进行每月 2 次的培训，强化小队长业务能力。各村小队长则经常与本村的护林员交流沟通，细化各自责任，强化巡护职责，积极组织护林员巡山，认真填写巡山日志、巡山卡。

根据管护地块到位、管护人员到位、责任到位、面积到位、惩奖到位的天保工程管护要求，独龙江森林资源划分为不同管护片区，明确不同护林员的巡护责任区域，使护林员有固定巡护路线。森林资源管护小队长结合各村实际，每个月组织所有护林员对负责管护的区域进行一次大巡山，彻底清查，排查毁坏森林资源行为，清除偷捕盗猎工具；每个月组织两次自然小组巡山，三次护林员个体巡护，并把巡山情况通过文字、图片、巡山卡、巡山日志一并上报到独龙江森林管护中队，由中队统一上报县森林资源管护大队，及时掌控森林资源管护状况，确保违法事件的及时处置。

护林员在巡山过程中，若发现村民砍树、毁林开荒，则迅速制止，并通过森林资源管护中队进行警告和教育，确保同类事件不再发生。2017 年，独龙江 6 个管护小队在巡山过程中收回并销毁夹子 20 个，鸟网 10 串，警告教育 10 人，使乱砍滥伐现象得到有效制止，生物多样性得到有效保护，珍稀濒危物种数量逐渐增多，独龙江自然资源整体性得到保障。

2018 年 11 月，课题组到独龙江调研。作为乡政府推荐的独龙语翻译，我们第一次见到了独龙族姑娘木秋云。这是一个年轻、漂亮、瘦小的姑娘，如果走在任何一座城市的街道上，你根本无法将她与独龙江、独龙族联系在一起。这个穿着时尚汉族服装的小姑娘机敏聪慧，说着一口流利的普通话，总是能快速、准确地履行为我们翻译的职责。当得知她竟然是独龙江乡 6 个森林资源管护小分队中巴坡小队的小队长时，我的惊讶可想而知，我无法想象她是如何组织、带领巴坡村的 40 多名壮年男子常年在独龙江的深山老林中巡山管护森林的。

作为生态护林员小组长的木秋云，每个月要负责组织巴坡村所有护林员对责任管护区进行一次大巡山，两次自然小组巡山，三次护林员个体巡护。每次巡山彻底清查，排查毁坏森林资源行为，清除偷捕盗猎工具，并把巡山情况通过

文字、图片、巡山卡、巡山日志一并上报到独龙江森林管护中队。

由于护林员都是本乡本土的人员，大家平时都是熟人、朋友甚至亲戚，因此管护效率得到极大提高。这种以社区为基础，当地村民自我进行管理的护林员模式，不仅可以极大地发挥生态护林员的主观能动性，极大地提高森林管护的效果，还解决了建档立卡户的收入问题，助推脱贫攻坚取得成效。在这种社区为主的模式下，村民们互相监督、互相制约、及时通报存在的问题，并及时纠正违规行为，不仅筑牢了生态安全屏障，而且减少了村民间的矛盾，有利于形成和谐发展的氛围。

2019 年，独龙江乡聘用的生态护林员、巡边护边员、河道管理员、地质监测员和乡村环境保洁员增加到 1031 人，其中，生态护林员从 2017 年的 248 名增加到 313 名，此外还有巡边护边员 123 人、河道管理员 301 人、地质灾害监测员 94 人、保洁员 200 人。生态护林员政策使独龙江的自然生态得到保护，贫困群众得到收入，助推脱贫攻坚，确保独龙江天蓝、水清、山绿的优美环境。[1]

2019 年，独龙江乡还制定颁布了《独龙江保护管理条例》，继续推进退耕还林工程，全乡完成封山育林 3 万亩，新建薪炭林 1.1 万亩，退耕还林 7000 亩。开展"以电代柴"和"柴改电"项目，实现全乡电器炊具发放全覆盖，助推筑牢独龙江生态保护安全屏障。[2]

在党的政策和独龙族群众的努力下，如今的独龙江，村民居住在整洁明亮的安居房内，户均 1 ~ 2 个稳定特色产业，一个公益性岗位保证了村民的稳定收入。而得益于生态保护和民族文化保护成效的生态观光、民族文化体验、生物多样性研学"三位一体"的旅游开发，增加了独龙族群众的收入，真正践行了习近平总书记提出来的"绿水青山就是金山银山"的理念。

133

---

① 资料来源：《独龙江乡政府扶贫工作汇报材料》。
② 数据来源：《2016 年独龙江乡人民政府工作报告》。

一跃千年奔小康

1999 年之前,独龙江还是一个欠发展的贫困乡镇,处于整乡整族贫困的状态。独龙族村民过江靠溜索,出山靠走路,遇山靠攀"天梯",一年中有半年因为大雪封山与外部世界隔绝。村民靠种玉米、小麦及其他杂粮勉强糊口,村民分散居住在不通路、不通水、不通电的半山腰。随着云南省委、省政府启动"独龙江乡整乡推进独龙族整族帮扶"项目和精准扶贫项目的实施,这里陆续解决了水、电、路的难题,村民们住进了政府沿江而建、生活配套设施齐全的安居房,开始了幸福的生活。

通过党的边疆政策性资金转移支付,政府涉边公益性岗位安置,同时大力发挥党员干部示范带头作用,培育特色农业、林业种植,打造特色旅游小镇,边境地区的独龙族群众生活水平得到了极大的提升,独龙族群众切身感受到党的民族政策优越性,看到发展的前景,使独龙族群众实现从"要我发展"到"我要发展"的转变,激发独龙族群众跟着共产党,一步跨千年、奔小康的信心和决心。

1989 年出生的白忠平是独龙江乡献九当村村民,2019 年,他在信用社贷了15 万元,用来建起客栈"辛梦缘"。独龙江生态优美,这几年随着村里道路交通等基础设施日益便捷,颇具民族特色的小镇吸引了不少游客来独龙江旅游。白忠平说,他是在 2014 年独龙江新隧道打通后开始做农家乐的,当时还只是空房里摆了几张床。随着来旅游的人越来越多,地方就不够用了。现在,白忠平的农家乐占地 4 亩多,有 11 间客房,一年收入 6 万元左右。他认为,党和政府的政策好,只要踏实干,日子会越过越好的。

独龙族没有经商的传统,主要以农业、渔猎为生,由于自然条件及社会环境的影响,历来自我发展观念较弱。在脱贫攻坚之初,虽然 2010 年农村信用社就在独龙江挂牌营业,但普通村民都不敢贷款用于自我发展。直到 2015 年高黎贡山隧道贯通,独龙江实现了全年通车,这种状况才开始改变。

巴坡村的王世荣是巴坡村第一个在独龙江乡信用社贷款的人,自 2015 年以来,他先后向独龙江信用社申请了三次贷款,用于扩大草果的种植。王世荣种了40 多亩草果,2021 年收入 9 万多元。王世荣说:"以前,我们住山洞、睡草屋,

吃不饱、穿不暖。现在家家都有草果地，2021年，巴坡村光草果收入就达到640万元，户均收入2.5万元，收入最高的农户年收入超过了10万元。不少村民都买了新车，添置了新家电。"

2019年，独龙江乡整乡建档，1403户独龙族群众有了自己的经济档案，同时，独龙族成为全国首个"整族授信"民族，家家户户都可以获得金融服务，贷款额度也大幅提高，贷款程序也更加便捷。独龙江信用社自2010年挂牌成立以来，截至2022年3月，已累计为当地群众发放农家乐贷款472万元、独龙牛养殖贷款378万元、草果种植贷款5548万元、独龙鸡养殖贷款508万元、政策类小额创业贷款1352万元。独龙江信用社见证了独龙江社会经济的快速发展。

近年来，独龙江乡党委、乡政府一直着力于培养有知识、有文化、有公心、有能力的独龙族年轻干部，希望他们在独龙江未来的发展中发挥带头致富作用。2020年完成的村"两委"换届工作，6个村委会都选出了一批有文化、有能力的年轻人。现在的年轻人，已经会根据自己的实际生产经营需求，去主动寻求符合自己生产发展的支持。

木文军就是孔当村新当选的村干部，也是孔当村的独龙牛养殖大户。自从2015年政府项目发放了1头独龙牛，到现在已经发展到13头，其间还出售了5头，收入6万多元。"独龙牛不能圈养，只能在山上散养，要经常去喂盐，牛才不会跑散"，木文军说，"村干部不仅要为群众做事，还要做致富带头人，自己做好了，才能带领老百姓自力更生，劳动致富。以前我们独龙江老百姓的发展观念、市场观念比较落后，找不到发展的路子，所以我希望通过自己的努力帮助他们改变这种观念。"

独龙族妇女也不甘落后，在县、乡妇联专门针对独龙族妇女组织的种植、养殖、家政服务培训中，独龙族妇女积极参与培训，提高自己的技术水平。孔当村的3名妇女和献九当村的1名妇女使用妇女循环金贷款积极创业。孔当村的肯秀全使用妇联扶持的"贷免扶补"贷款10万元开起了农家乐，自2018年6月开业，她就有了自己稳定的经济收入。

从以上例子可以看到，在党和政府多年的关心支持下，经过独龙族人民多年的艰苦奋斗，独龙族群众的主体发展意识和内生动力逐步激发出来，群众自我发展的信心和能力都得到了极大的提升。

劳动之余，在每周三晚上，独龙族群众早早吃完晚饭，梳洗一番，换上干净漂亮的衣服，准时聚集在各村党群活动室，聆听乡党委、乡政府、村委会干部、驻村工作队、村民代表轮流宣传党和国家的各种政策，宣讲感党恩、颂党恩、脱贫致富典型事例和人物，讲解独龙江历史及发展故事。之后组织大家唱歌、跳舞。活动结束后，余兴未尽的村民们在回家路上轻快地哼唱着自己创作的独龙"感恩歌"："雪山升起了红太阳，独龙峡谷换新颜，党的政策真正好，幸福不忘共产党！"

深山走出脱贫路

云南人口较少民族脱贫发展之路

殷殷嘱托记心头

作为一个中华人民共和国成立初期从原始社会末期直接过渡到社会主义社会的少数民族，独龙族的发展一直以来得到党和国家的高度重视。在2014年独龙江实现全年通车以及2018年独龙族整族脱贫之际，独龙群众两次向习近平总书记写信汇报并得到了回复。2015年，独龙族群众代表还受到了习近平总书记的接见，这对于独龙族群众来说是件振奋人心、一辈子都难以忘怀的事。

 ## 两次回信

天堑变通途

对于从小在城市里出生、生活，每天享受着城市便捷交通网络的人来说，独龙江的独龙族群众把生活的幸福感和交通、公路连在一起，确实有点儿令人费解。然而，当你进一步了解昔日的独龙江和独龙族的生产、生活状况后便会感同身受。

祖祖辈辈生活在高黎贡山和担当力卡山峡谷中的独龙族，独龙江公路及沿江通村、组公路的修建于他们而言是关系到生产、生活、发展的一个关键因素，是一条来之不易的幸福之路。

由《贡山县交通志》记载可知，公路的发展历程对贡山县、对独龙族来说是一件多么艰难的事情，同时也说明党和政府对边疆少数民族地区一直以来的关心和支持。贡山交通志里的大事记这样记录：1964年修通65千米贡山县城至独龙江的国防人马驿道；1973年，碧（碧江）福（福贡）贡（贡山）公路通车，贡山县公路实现零的突破；1994年，独龙江公路列入国家"八五"交通扶贫项目，1999年9月9日通车（毛路），结束了全国56个民族中独龙族集聚区不通公路

的历史；2005年，独龙江公路隧道通车，独龙江实现了半年通车；2014年，高黎贡山独龙江隧道贯通，独龙江全年通车，这标志着独龙族同胞祖祖辈辈大雪封山半年与外界隔绝的历史彻底结束。

很多人对这个生活在偏远地区人数较少的少数民族有些陌生，知之甚少。但习近平总书记却表示："我们并不陌生，因为有书信往来。"

2014年元旦前夕，贡山县干部代表群众致信习近平总书记，汇报了当地经济社会发展和人民生活改善的情况，报告了激动人心的高黎贡山独龙江公路隧道即将贯通的消息。习近平总书记接到信后立即给他们回信："向独龙族的乡亲们表示祝贺！希望独龙族群众加快脱贫致富步伐，早日实现与全国其他兄弟民族一道过上小康生活的美好梦想。"

自那时起，习近平总书记的深切关怀便时时刻刻激励着独龙族干部群众在全面脱贫、全面建成小康社会的道路上奋力前行。

大家因地制宜，发展特色产业。得益于独龙江两岸的草果、重楼、独龙蜂等产业逐渐成熟，独龙族群众的收入从2010年的908元增长到2018年的6122元。

随着独龙江两岸1068栋安居房陆续完工，独龙族群众从世代居住的茅草房、木楞房搬进了崭新明亮的安居房，彻底告别了吃不饱穿不暖的日子。独龙族期待已久的美好生活终于实现了！

整族脱贫展新颜

独龙族虽然生活在偏远的独龙江，人口只有6000多人，但党和国家却从来没有忘记这个民族。21世纪以来，兴边富民行动、扶持人口较少民族发展等扶持政策惠及独龙江乡。

2010年启动的独龙江乡整乡推进独龙族整族帮扶工程，在独龙江乡人均投入25万元，如此大的帮扶力度，在国内外扶贫史上实属罕见。曾经有人质疑，为一个只有几千人的民族，投入巨额资金和大量的人力是否值得？将独龙族全部搬出独龙江不就行了吗？但独龙江乡的干部群众却给出了这样的回答："独龙江乡不仅是独龙族祖祖辈辈的聚居地，承载着独龙族文化的发展，也是中华人民共和国的领土，这里有1994平方千米的国土，边境线长达91.7千米，需要有人世代守护！"

摆脱贫困，过上美好生活，这是独龙族同胞一直以来的期盼。如今，这个愿望已经变成了现实。

2018年底，作为人口较少的"直过民族"，独龙族从整体贫困实现了整族脱贫，贫困发生率下降到了2.63%，独龙江乡1086户群众全部住进了新房，所有自然村都通了硬化路，4G网络、广播电视信号覆盖到全乡，种草果、采蜂蜜、养独龙牛，群众的收入增加了，孩子们享受着14年免费教育，群众看病有了保障……

难掩激动之情，当地独龙族群众委托乡党委再一次给习近平总书记写信，汇报独龙族实现整族脱贫的喜讯。

2019年4月10日，习近平总书记给乡亲们回信，祝贺独龙族实现整族脱贫。

在信里，习近平总书记说：

云南贡山县独龙江乡的乡亲们：

你们好！你们乡党委来信说，去年独龙族实现了整族脱贫，乡亲们日子越过越好。得知这个消息，我很高兴，向你们表示衷心的祝贺！

让各族群众都过上好日子，是我一直以来的心愿，也是我们共同奋斗的目标。中华人民共和国成立后，独龙族告别了刀耕火种的原始生活。进入新时代，独龙族摆脱了长期存在的贫困状况。这生动说明，有党的坚强领导，有广大人民群众的团结奋斗，人民追求幸福生活的梦想一定能够实现。

脱贫只是第一步，更好的日子还在后头。希望乡亲们再接再厉、奋发图强，同心协力建设好家乡、守护好边疆，努力创造独龙族更加美好的明天！

习近平

2019年4月10日

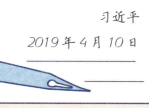

　　"全面建成小康社会，一个民族都不能少"，是全国人民的心愿，更是以习近平同志为核心的党中央的坚定决心。当又一个少数民族整体脱贫的好消息传来，总书记怎能不由衷地感到高兴？习近平总书记的回信在独龙江干部群众中引起了强烈反响，那一天乡亲们专门聚集在广场上，由乡党委书记宣读习近平总书记的回信，大家都非常振奋和激动，手拉手一起分享这份喜悦。特别是当乡亲们听到"脱贫只是第一步，更好的日子还在后头"这句话的时候，大家纷纷表示，没有中国共产党的领导，就没有独龙族人民的今天，独龙族人民一定幸福不忘共产党，永远坚定不移听党话、感党恩、跟党走，为实现小康而努力奋斗。

　　说起这次习近平总书记回信的由来，曾任独龙江乡党委书记的杨秀兴按捺不住内心的激动："2018年底，独龙族实现整族脱贫。今天的独龙江乡，家家都有安居房，户户都有新产业，好日子越过越甜。我们时任乡党委班子就一起写信向总书记报告喜讯。"

　　让杨秀兴惊喜的是，总书记很快就回信了。"我激动得一整晚都睡不着觉！"杨秀兴高兴地说。

　　草果是独龙江乡巴坡村第一大产业。全村种植草果14000多亩，2018年草果收入357万元，人均3940元。很多家庭靠种草果摆脱了贫困，买上了汽车，供孩子读完了大学。

　　50岁的巴坡村村民马文军是独龙江乡第一批草果种植户，如今他种植的草果已发展到60多亩，马文军也成了当地先富起来的人。"村民们都有了自己的支柱产业，'钱袋子'也鼓了起来。大家以前是种什么吃什么，现在是想吃什么就买什么。"马文军高兴地说。

　　迪政当村是独龙江乡最北边的一个村子，和西藏自治区相连。由于海拔较高，这里无法像其他村子一样发展草果产业，以前大多村民依靠上山采集药材挣钱，但收入低，不稳定。为了形成自己的产业，2018年底，当地引进了羊肚菌种植，由企业向群众发放菌种，政府发放遮阳网等农资，让大家试种了48亩。4月中旬，这些羊肚菌陆续成熟，村里的乡亲们有了第一笔产业收入。

　　用好外力、激发内力，才能形成持久发展的合力。"我们要把上级给的扶持资金当成种子，靠我们自力更生来发芽结果。"高德荣说："我们的奋斗目标是把输血变成造血，娃娃这一代要读好书，到知识里去找小康。"

　　绿水青山就是金山银山，独龙江乡的森林覆盖率高达93%，原始而完整的亚热带山地森林生态系统，加之神秘多彩的少数民族文化，吸引着越来越多山外

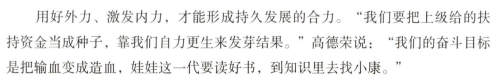

人的目光。

2019年10月1日，因公路升级和景区建设而暂停开放两年的独龙江乡重新接待游客。很多村民开始忙着盖客栈，准备做好民宿和餐饮生意。自然生态与独龙文化融为一体的旅游发展之路，正在独龙江发展延伸。

"独龙江旅游基础设施正逐渐完善，群众的旅游接待技能逐步提升，新的四星级酒店正在建设。等怒江美丽公路建成后，独龙江旅游业将迎来一个全新的发展时期。"独龙江乡党委书记余金成说。①

老百姓有了盼头，不但生产积极性高了，生活习惯也在发生改变。独龙江乡孔当村，开始了"每日一晒"活动，村民们每天会把自己家窗明几净、整洁卫生的照片发到村组群里，互相学习监督。村民们生活习惯的改变，让独龙江更加干净整洁，也为当地改善旅游环境和提升服务水平打下了良好的基础。

中华民族是个大家庭，确保少数民族和民族地区同全国一道实现全面小康和现代化，久久萦绕在习近平总书记的心头。作为拥有少数民族种类最多的省份，云南牢记嘱托，积极探索"直过民族"和人口较少民族精准帮扶模式，让11个"直过民族"和人口较少民族整族脱贫。依托特色农业、文化旅游等优势，推进"一县一业""一村一品"，带动群众共同富裕。"十三五"期间，云南民族自治地方生产总值年均增长8.4%，经济社会发展主要指标年均增幅均高于全省平均水平。

要建设好家乡，作为边疆省份的云南就必须守护好边疆。云南边境线长度4060千米，在连续实施"兴边富民工程"基础上，2015年起，又实施了两轮"改善沿边群众生产生活条件三年行动"；2020年5月，云南选择30个抵边自然村打造边境小康示范村；再用3年时间，将374个沿边行政村（社区）初步建成现代化边境小康村。

"总书记这么关心我们，不靠自己双手过好日子会害羞。"头发花白的独龙族村民李文仕，2015年初第一次走出独龙江乡、第一次坐飞机，那一天和总书记见面的每个细节她都记得清清楚楚。这几年，致富路越走越宽。李文仕和村民们纺织的独龙毯，成为人们喜爱的工艺品，不愁销路。

---

① 吉哲鹏：《更好的日子还在后头》，新华社。

　　"让各族群众都过上好日子，是我一直以来的心愿，也是我们共同奋斗的目标。"习近平总书记这温暖的话语，让78岁的独龙族老人李文仕回想起4年前受到总书记亲切接见时的情景，激动不已的她再一次唱起了自编的《感恩歌》："独龙人民永远感谢党，永远跟党走……"

　　2019年12月31日19时，贡山独龙族怒族自治县独龙江乡孔当村委会孔干小组，独龙族文面女肯国芳与十几个独龙族群众围坐在一起，收听收看习近平总书记发表的二○二○年新年贺词。

　　"同往常一样，我无论多忙，都要抽时间到乡亲们中走一走看一看。大家跟我说了很多心里话，我一直记在心上。云南贡山独龙族群众……"听到习近平总书记提到独龙族群众，乡亲们高兴极了，立即把消息发到村里的微信群里。

　　山河遥远，心却一直连在一起。6年里，一次接见、两次回信，新年贺词又想到遥远的独龙族群众，牵挂着独龙族群众的生产生活，让广大独龙族群众深切地感受到党中央、习近平总书记离他们是那么近。

　　"你再用独龙语说一下。" 新闻联播结束了，肯国芳的思绪仍然沉浸在习近平总书记的贺词里。她让村干部用独龙语再讲解一遍给她听。"党中央、习近平总书记是我们独龙族的恩人。我们独龙族子子孙孙要永远记住共产党、习近平总书记的恩情。感党恩、听党话、跟党走。做好自己的事，发展好生产，不要处处依赖党和政府的帮扶。"肯国芳说。①

　　"2019年，我们村的草果又丰收了，收入比上年高了许多。乡亲们巩固脱贫成效的基础又夯实了。"孔当村党总支书记李晶宝掩饰不住内心的喜悦之情，与乡亲们热烈地讨论着习近平总书记的新年贺词。"习近平总书记这样关心我们独龙江，想着我们独龙族群众。我们要把对党中央、习近平总书记的感激之情转化到发展生产、打造美丽村寨的行动上来。"

　　"人民楷模"高德荣傍晚从黄精种植基地回家，吃过晚饭，就守在电视机前，等着收听收看习近平总书记的新年贺词。

143

　　"独龙江巨大的发展成就，是中国共产党的坚强领导，是中国特色社会主义制度优越性的集中体现。"高德荣深情地说，独龙江脱贫根基还非常薄弱，公

---

① 《怒江独龙族群众牢记嘱托创造更加美好的生活》，新华网。

路通畅、产业建设、群众素质提升等工作才刚开始，全面小康的路上，还有很多工作等着去做。

"幸福生活是苦出来、干出来的。小康路上，我们决不能有一丝一毫的松懈。独龙族人民将牢记嘱托，感恩党中央，感恩习近平总书记，掀起建设美好家园新高潮，用自己辛勤的汗水去创造更加美好的生活。"高德荣说。

听了习近平总书记的新年贺词，独龙江乡党委书记余金成感觉很温暖、很振奋，对独龙江今后的发展思路更清晰了。"今天，习近平总书记再一次关心独龙族群众，点燃了独龙族群众创造更加美好生活的热情。乡党委、政府一定牢记习近平总书记的嘱托，只争朝夕，不负韶华，在巩固脱贫成效中践行初心使命，带领独龙族群众拼命干、加油干，让独龙族人民过上更幸福的生活。"余金成说。

一次接见

一纸书信，承载着习近平总书记对独龙群众的殷切关怀和期望；殷殷嘱托，饱含着习近平总书记对独龙群众的深情牵挂和美好祝福。然而习近平总书记对独龙族同胞的牵挂，远不止书信。

2015年1月，习近平总书记在云南考察。他仍关注着高黎贡山隧道建设，关注着独龙族干部群众生活发生的变化。为此，习近平总书记在这次紧张的行程中特地抽出时间，把当初写信的5位干部群众和2位独龙族妇女，专程接到昆明来见面。

两张绘有画像的圆簸箕挂在墙上，长条桌上摆放着独龙族特有的生产生活工具……一间宽敞的会议室里，洋溢着浓郁的独龙族文化气息。

2015年1月20日下午6时30分许，刚考察完昆明火车南站建设工地的习近平总书记走进灯火通明的会议室，和身着民族服装的5位写信人——独龙族"老县长"高德荣、贡山县委书记娜阿塔、县长马正山、独龙江乡党委书记和国雄、乡长李永祥以及独龙族妇女李文仕、董寸莲握手致意。

见到总书记，高德荣老县长高兴地介绍起专门带来的独龙族生产生活工具，习近平总书记耐心听着，并一一察看，不时询问。听说"记事"的刻木上有一封信，他饶有兴味地了解信的内容；看到反映独龙族人过江溜索的照片和实物，

他不由得感叹："真不容易啊！"

"这些东西，可都是文化啊。"会议室另一侧的长桌上，摆放了笋干、草果、野生蜂蜜等独龙江特有物产，习近平总书记走过去，一一了解情况。

随后，习近平总书记拉着高德荣老县长的手坐在一张长藤椅沙发上，同大家围坐在一起，观看反映独龙族生产生活巨变的短片。

从刀耕火种到多种经营，从过江溜索到开山辟路，从茅草房到砖瓦房，从人均可支配收入 900 多元到 2000 多元，短片中一幅幅生动的画面，反映了中华人民共和国成立 60 多年来，尤其是近些年来独龙族群众生活的深刻变化，这个地处偏远、相对闭塞的民族正同其他兄弟民族一起迈向现代文明……

习近平总书记一边看，一边同身边的独龙族群众进行交流，他不断询问："建一套新房多少钱？""原来出山要多长时间？"……

高德荣告诉总书记，中华人民共和国成立前，独龙江人翻越高黎贡山走到贡山县，来回要半个月；中华人民共和国成立后修通"人马驿道"，一个来回要六七天；1999 年，独龙江简易公路贯通，除去大雪封山，七八个小时可到县城；隧道通车后，3 个小时可到县城。

沧桑巨变，让老人无法不激动。他说："在总书记关怀下，隧道去年 4 月就全线贯通了。如果不贯通，今天我们怎么可能坐在一起呢？要知道，现在正是大雪封山的时候。"

他代表乡亲们表示，独龙族虽在边疆，但会永远跟着共产党走，把边疆建设好、把边防巩固好、把民族团结好、把经济发展搞好。

第一次走出独龙江乡、第一次坐飞机的李文仕、董寸莲一起用独龙族语言唱起自编的"感恩歌"，表达感激之情。

李文仕说，在党的光辉政策照耀下，独龙族人民的日子发生了翻天覆地的变化。"我已经年过六十了，还第一次坐上了飞机，见到了总书记。今后要教育子孙后代听党的话，一定要好好读书，跟着共产党走。"她不由得湿了眼眶。

你一言，我一语，现场气氛十分融洽。习近平总书记认真倾听……不知不觉，时间已过了晚上 7 时。

看到时间不早了，习近平总书记对大家说："我今天特别高兴，能够在这里同贡山独龙族怒族自治县的代表们见面。独龙族这个名字是周总理起的，虽然只有 6900 多人，人口不多，也是中华民族大家庭平等的一员，在中华人民共和

国、中华民族大家庭之中骄傲地、有尊严地生活着，在中国共产党领导下，同各民族人民一起努力工作，为全面建成小康社会的目标奋斗。"

他接着表示："你们生活在边境地区、高山地带，又是贫困地区，在中华人民共和国成立以前生活在原始状态里。中华人民共和国成立后，在党和政府关心下，独龙族从原始社会迈入社会主义，实现了第一次跨越。进入21世纪以来，我们又有了第二次跨越，同各族人民共同迈向小康。这个过程中，党和政府、全国各族人民会一如既往关心、支持、帮助独龙族。"

"你是县长？你是乡长？"指着来自独龙族的县长马正山和乡长李永祥，习近平总书记说，"随着经济社会发展，独龙族兄弟姐妹自身能力也要增强，县长、乡长就属于独龙族自身培养的人才，我们要自力更生，奋发图强。"

习近平总书记亲切地对高德荣说，您是"时代楷模"，不仅是独龙族带头人，也是全国的一面旗帜。有你们带动，独龙江乡今后一定会发展得更好。

稍微停顿，习近平总书记接着说："我来见大家，就是鼓励你们再接再厉，也是给全国各族人民看，中国共产党关心各民族的发展建设，全国各族人民要共同努力、共同奋斗，共同奔向全面小康。"

去过五次独龙江乡的原云南省委书记李纪恒说："总书记心系独龙江。我们一定要奋发努力，走向更美好的明天。大家有没有决心？"

"有！"整齐的回答声，在会议室里响起。

告别的时候到了，人们纷纷走上前，簇拥在总书记周围。习近平总书记同乡亲们挥手作别，走出会议室。乡亲们恋恋不舍地一直跟着，走出十多米远……

"'不能让一个兄弟民族掉队'，习近平总书记这么重视少数民族和民族地区发展，我心里感觉有希望，每个民族都有希望。"高德荣说。

这次特殊的见面，使参加会见的独龙族代表感慨万千，他们对独龙族的发展和未来充满了信心。[①] 他们一致表示，一定牢记总书记的嘱托，努力建设好家乡，守好边疆，和全国人民一起走向更加美好的明天。

---

① 李斌、李自良：《习近平总书记会见贡山独龙族怒族自治县干部群众代表侧记》，新华网。

深山走出脱贫路

云南人口较少民族脱贫发展之路

守土固边保家乡

独龙江乡地处我国著名的横断山脉高山峡谷地带，东邻贡山县丙中洛镇和茨开镇，西南与缅甸毗邻，北靠西藏自治区察瓦龙乡并与印度相近。国境线长97.3千米，境内有37号至43号7个界桩，东西横距34千米，南北纵距91.7千米，整个区域面积为1994平方千米，是贡山县面积最大的一个乡，占全县总面积的44.25%。

2019年4月10日，习近平总书记在给独龙江群众的回信中写道：脱贫只是第一步，更好的日子还在后头。希望乡亲们再接再厉、奋发图强，同心协力建设好家乡、守护好边疆，努力创造独龙族更加美好的明天！

军民鱼水情

1950年春天，当解放军把最后一户独龙族群众接出岩洞，给他们送上盐巴、粮食和御寒的棉衣，独龙族迎来了新生。随后，解放军独龙江红一连在驻地巴坡升起独龙江第一面五星红旗。从此，解放军扎根独龙江，用青春和热血谱写了守卫独龙江、建设独龙江，与独龙族人民共同守护祖国边疆、捍卫祖国领土的军民鱼水情。1964年，独龙江边防派出所成立；1983年，武警怒江州边防支队接管防务；2019年，武警边防官兵改制为国家移民管理警察，边防派出所转改为独龙江边境派出所。2021年2月，云南省委、省政府将独龙江巴坡爱国主义教育基地命名为云南省级爱国主义教育基地，向人们展示多年来解放军和独龙族人民共同守护边疆的动人事迹。在70多年里，武警边防官兵不仅承担守卫国门的重任，而且和独龙族群众一起开荒种地、修路修渠，为独龙族群众建立学堂、送医送药，为独龙江的发展贡献力量。

独龙江乡迪政当村的木金龙从小就有一个从军梦。他还在读小学的时候，学校组织学生到巴坡爱国主义教育基地参观学习。半个世纪以来，边防官兵与

独龙族群众共命运、心连心，用青春、热血和生命捍卫祖国领土完整的事迹深深触动了他幼小的心灵，站在巴坡烈士陵园门口，看着"干革命不讲条件，保边疆为国献身"的挽联，从军的种子就此种下，他暗暗发誓，长大后一定要参军，像独龙江的解放军叔叔一样，守卫祖国。2021 年 3 月 20 日，木金龙光荣入伍。

圆梦之时，木金龙激动地说："没有共产党就没有独龙族人民的幸福生活，更没有我的今天。我要铭记共产党的恩情，保家卫国，不辜负家乡人民的期望，不辜负党和国家的关心关怀。"

共同守边疆

独龙江的村民一直以来都以向导的身份，配合参与独龙江边防官兵对祖国边界的巡护任务。

2014 年起，国家高度重视陆地边界巡护，脱贫攻坚进入冲刺阶段，独龙江各村都组建了由村民组成的村界务组，开始定期不定期的边界巡护任务。

位于独龙江西边的担当力卡山，是中国和缅甸之间的天然屏障，独龙江境内的 37 号至 43 号界碑就分别排列在这座山上。这里是原始森林，山高林密，常有野生动物出没，7 块界碑中只有一处可以开车抵达，其余都要翻山越岭、用长刀左砍右劈才能勉强通行，巡界工作非常辛苦。

2018 年 11 月 30 日，巴坡村村书记王国光正在打电话安排采购物资，准备巴坡村界务员 12 月 1 日的巡界任务，这次主要是进山拉一条溜索，便于以后开展巡界任务。目前巴坡村有 11 名界务员，由书记、主任、村医及普通村民组成，这些界务员都是村里身体健康、身体强壮的人，他们每年要集中进行一次大的巡界，平时每个季度也会进山巡界。巡界时他们要背负重物，爬山、修便道，集中巡界的时间基本固定在每年的 6 月至 7 月，不论天气好坏都要去。

王国光说："37~39 号三个界桩在巴坡村境内。从 37 号界桩巡视到 38 号界桩来回要 4 天，从 38 号界桩巡视到 39 号界桩来回要 8 天。38 号界桩离缅甸的村寨最近，可以听得到寨子里的鸡叫声，而 39 号界桩翻过山就是缅甸独龙族居住的村寨木刻嘎村，这里居住的独龙族与独龙江乡的独龙族有较多的姻亲关系，村民平时互相有频繁的走动。在 37 号、38 号界桩附近的缅甸村民经常越界到中

国的山上打猎挖重楼。"

巴坡村的界务员每季度都要组织一次巡界，巡界前要提前购买生活物资，主要是油、盐、茶、米，界务员们一路上风餐露宿，加上走路和处理一路上的情况，巡一次界需要半个多月，很是辛苦。但是每次村委会组织巡界的时候，现任书记或者主任都会亲自带队前往。

如今，在独龙江乡边境线上活跃着这么一群人，他们是独龙江各村的党员、村干部，也是村里的普通百姓，他们有责任、有担当，把守护祖国边界的使命扛在肩上，用双脚践行初心。他们穿梭在独龙江乡的高山峡谷间，克服原始森林恶劣的气候条件和被毒蛇、毒虫攻击的危险，用双脚丈量着祖国的边境线，用初心守护着独龙江这片净土。

 ## 民族团结进步示范

2015 年 1 月，习近平总书记到云南考察调研，指导云南的工作，要求云南"主动服务和融入国家发展战略，闯出一条跨越式发展的路子来，努力成为我国民族团结进步示范区、生态文明建设排头兵，面向南亚东南亚辐射中心，谱写好中国梦的云南篇章"，把云南建设成为我国民族团结进步示范区，大力开展民族团结进步示范创建，推进民族团结进步示范区建设与扶贫开发工作"双融合、双推进"，推动民族团结进步事业。从此，云南省的民族团结进步示范创建工作走上了快速发展的道路。

2018 年，独龙江因为脱贫攻坚的巨大成就，独龙族率先在怒江州实现整族脱贫，独龙江乡荣获全国民族团结进步示范创建乡的称号。2019 年 4 月 13 日，在独龙江乡"全国民族团结进步创建示范乡镇"正式揭牌的时候，独龙族老县长高德荣说："我们一定要听党话、跟党走，永远追随着党的步伐。就像总书记说的'脱贫只是第一步，更好的日子还在后头'。这次我们得到了民族团结乡镇的荣誉，一定要珍惜好这份荣誉，再接再厉，在获得民族团结荣誉的同时，也要争取边疆稳定、经济发展、生态保护方面的荣誉。所以大家一定要努力，努力让所有的独龙族人民过上幸福的好日子。"

深山走出脱贫路 云南人口较少民族脱贫发展之路

 ## 民族团结进步示范创建工作

2019年，习近平总书记在全国民族团结进步表彰大会上明确指出："各族人民亲如一家，是中华民族伟大复兴必定要实现的根本保证。实现中华民族伟大复兴的中国梦，就要以铸牢中华民族共同体意识为主线，把民族团结进步事业作为基础性事业抓紧抓好。我们要全面贯彻党的民族理论和民族政策，坚持共同团结奋斗、共同繁荣发展，促进各民族像石榴籽一样紧紧拥抱在一起，推动中华民族走向包容性更强、凝聚力更大的命运共同体。"

2019年，怒江州编制印发了《习近平总书记关于民族和宗教工作的重要论述摘编》《怒江州创建全国民族团结进步示范州文件汇编》、"示范创建应知应会100题"宣传折页等学习宣传材料。在全州启动了首届民族团结进步宣传月活动，营造了全社会各民族参与创建民族团结的良好氛围。

按照州委、州政府的部署，贡山独龙族怒族自治县召开了2019年民族团结进步示范创建工作第一次推进会，印发了《贡山县委民族团结进步示范县建设暨民族宗教工作领导小组会议制度》《关于报送怒江州创建全国民族团结进步示范州"九进"活动贡山县实施方案的通知》，完成了贡山县省级民族团结进步示范县州级初验工作，并启动独龙江乡全国民族团结进步示范乡成果展示室的建设。

贡山县委注重基层党组织阵地建设，全县238个村民小组中有党群文化活动室199个，已覆盖全县152个村民小组党支部。利用党建引领，凝聚各方力量，把民族团结进步教育纳入党建工作内容，深入开展"党的光辉照边疆，边疆人民心向党"实践活动，组织开展了"民族团结进步"主题党日活动，着力打造"党建＋创建"示范品牌。

贡山县政府抓住东西部扶贫协作和中央企业定点帮贫机遇，加强与珠海市金湾区和高栏港经济区、中交集团、三峡集团等汇报对接，累计投入资金3.14亿元，围绕易地扶贫搬迁、产业发展、教育事业、医疗卫生等领域对口帮扶贡山。进一步汇聚了创建力量，助力贡山各民族的经济发展及现代化，努力融入省内外经济发展圈。

一直以来，独龙江乡党委、政府在脱贫攻坚工作中，坚持脱贫攻坚与民族团结进步"双融合，双推进"，将"中华民族一家亲、同心共筑中国梦"作为民族团结进步示范创建工作的总目标，坚持共同团结奋斗、共同繁荣发展，把开展民族团结进步宣传月活动与树立典型结合起来，精心培养一批体现民族团结优良

传统、闪烁时代光芒、代表社会前进方向的模范典型，大力宣传他们在促进民族经济发展、维护民族团结进步方面的先进事迹和感人故事，增强宣传教育的吸引力和感召力，促进民族团结进步示范创建工作。

 民族团结共同进步

中华人民共和国成立以来，为了帮助独龙江尽快走上发展的道路，很多年轻人都到独龙江支边。

两代人在独龙江的故事

这是一张拍摄于1965年的黑白旧照，最后一排的左一和右一分别是和江红的父亲和文明和母亲杨竹生。

那一年，贡山县国营马帮队第一次驮着军民生产生活物资到达独龙江乡巴坡村。

昆明军人摄影部（图片来源：独龙江乡政府网站）

1964年，独龙江65千米里程的人马驿道开通，越来越多的年轻人来到独龙江开启支援边疆、建设边疆、守卫边疆的峥嵘岁月，和江红的父母便是其中一员。从此，巴坡村就成了镌刻着无数支边人历史记忆的地方。

和江红父母都是丽江的纳西族，母亲是长女，父亲是长子，因为当地有老大早当家的观念，所以两人早早就出来工作了。

"父亲读过几天书，认得几个字，当时村里来招兵，他就响应党的号召去部队当了兵。当时母亲刚好在部队上做炊事员，两个人看对了眼就在一起了。"

1965年是她父母结婚的那一年，这是她见过的父母最早的一张照片。然而，在朋友家看这张照片时，父母已不在人世，她已无法知晓背后的故事，她只有借来这张珍贵的照片复洗，放在家里一遍又一遍地抚摸。和江红家有四姐妹，她排行老三，四姐妹都出生在独龙江，但是由于家庭条件非常艰苦，抚养不起那么多

孩子，父母便把大姐二姐送回丽江由外婆抚养。而和江红及其妹妹则一直跟在父母身边。

童年的记忆里，在独龙江的时候，她经常蹦蹦跳跳地跟着其他伙伴一起去上学，尽管她还没到上学年龄，并且上学路上需要翻越艰险的大山，但她依然乐在其中。到了教室，老师也同意让没有正式学籍的她坐在一旁听课，长此以往，小江红也学到了不少东西，认了不少字。

当时独龙江的许多同学都没有鞋子穿，也没有好的衣服。她父母有时候去村里下乡要几天几夜才回来，她和妹妹要独自在家。去县城更是要翻过高高的高黎贡山，走过弯弯曲曲的人马驿道。到了冬季，雪山垭口白雪皑皑，一望无垠。人们上山的时候爬不动，小腿直打抖；下山的时候怕下雨，滑得唯恐滚下去；吊桥摇得心直跳，脚底全是血带泡；夜宿哨房，屋外野兽怪声不断……和江红回忆，那时胆子特别小的她，每每遇到这些场景，便只有躲在父亲的怀里瑟瑟发抖。

她说，有一天，她的母亲从村里回来把她抱在怀里，沉重地说："我去一户村民家敲门，那个男子一直不开门，后来才知道他是没有衣服穿，他们家只有一条裤子可以外穿，谁要出门就给谁穿上。后来还是村主任把他的衣服脱下来给男子穿上后，他才出来和我说话。"母亲摸着她的头轻声说："独龙江的乡亲们太苦了。"她看见母亲的眼睛含着泪花……

1976 年，和小伙伴们一起优哉游哉地走在放学回家路上的和江红突然看见远处升起了滚滚浓烟。"谁家烧火烧那么大啊？"和江红说道。直到看见有村民抱着东西往外跑时她才意识到原来是发生了火灾。据悉这场大火是由于煮饭时不小心造成的。年幼的她看见父亲忙前忙后，不顾一切冲进火海里抢救粮食、物资，她也跑上去帮乡亲们的忙，她说："我们人人都想着要以国家的东西为重，那时都顾不上自家的物品，每个人都上前抢救国家的物资。"

153

等到火势平息后，她和母亲回到家里一看，自己的家已经被大火烧得一干二净，什么也不剩了，此时又听说了父亲被火烧伤的噩耗，她和母亲相拥流下了泪水。好在老天有眼，和江红父亲的伤势并没有危及性命，只是需要去县里的医院进行治疗，由于妹妹年幼，母亲只能背着妹妹跟过去照顾父亲，而小江红则是留在村里由部队上的解放军照料。父亲伤势好转后回到独龙江，手臂上大块大块黑色的伤疤就这样一辈子跟随着他，但是这些黑黑的印记也是和江红父亲最高荣誉勋章。

1977 年，和江红一家便搬出了独龙江。随后父母回丽江把大姐、二姐接回来，一家人在贡山县普拉底乡安了家。1993 年，退了休的父母亲决定回丽江养老，二姐也跟着回去照顾老人家，而和江红就继续留在贡山县工作、成家。

2018 年，是整个怒江州决战决胜脱贫攻坚的关键时刻，即将天命之年的她毅然决然勇敢请战，回到独龙江成为驻村帮扶工作队员。因为她的身上背负着她的梦想、父母的期望以及独龙族群众对美好生活的愿望。"以前父母那么艰苦都挺过来了，我又有什么怕的呢？而且我也是从小生长在独龙江的人，也是那里的一分子，我没有理由不回去支援家乡。"

谈起回到独龙江工作的这两年，和江红说得最多的一句话就是："独龙江的人们实在是太质朴了，太质朴了！"据她回忆，第一次走进独龙江家访，就遇到一位年事已高的老奶奶，长期瘫痪在床，由侄子和侄媳妇照顾。刚刚进门就被他们一家人"赶"了出来，原来，老奶奶担心自己常年卧床身上气味难闻，不想熏到和江红他们，于是便让侄子赶紧招呼他们在院子里坐下，拿出许多小吃招待他们。

和江红说，在那两年里，他们的主要工作就是去挨家挨户做扶贫工作，尽自己所能帮帮父老乡亲。有一次村里发生泥石流，许多村民的草果地都被冲毁了，看着老百姓们痛苦的神情，她心里实在难受，毅然决定上山考察草果损毁情况，希望尽最大努力帮群众申报损失，申请保险赔付。山路极其危险，许多人都劝她年纪那么大了别去冒险了，可她不怕，还是冒险上了山。对于他们的付出，独龙江的老百姓看在眼里，经常送鸡蛋、土特产到各工作队以示感谢。只要认识她们家的村民都对她父母赞不绝口，频频对她竖起大拇指夸奖她的父母。"每当这个时候，我真的非常自豪，感觉我这两年回来参加扶贫工作很值得！"和江红说。

2019 年 4 月 11 日，那是独龙江峡谷奔腾的一天，习近平总书记给独龙江乡群众回信了，祝贺独龙族实现整族脱贫，勉励乡亲们为过上更加幸福美好的生活继续团结奋斗。这时的和江红却避开热闹的人群，独自一个人来到独龙江边，对着父母亲所在的方向，深深鞠了三个躬，眼含热泪，轻轻地说："爸爸妈妈，你们的愿望后辈为你们实现了，你们可以安息了。"

三年已过，美丽独龙江再展新颜。和江红虽已回到原单位，但她的心却永远和独龙江连在一起。

她把这张 57 年前的照片摆在床头，每天早晚都可以端详抚摸，"多么遗憾，父母没有能看到今天的独龙江；多么遗憾，今生不能再听母亲讲当年的故事。"

但是，新的故事又开始了，她可以讲给子孙们听，子孙再讲给子孙听。这张照片将作为最珍贵的传家宝，永传后代。

和江红和她父母两代人在独龙江的故事便是独龙江民族团结共同进步的真实写照。

警民共建民族团结

自从怒江边境管理支队独龙江边境派出所进驻独龙江以来，始终坚持以"驻边疆、爱群众、创和谐、保平安"为己任，派出所民警与驻地各族人民同呼吸、共命运、心连心，为独龙江经济社会发展、一方平安作出了巨大贡献。警民共同培育的民族团结之花开遍独龙江畔。

"我们始终坚持把加强基层党组织建设作为促进民族团结的核心和基础。如何依托派出所党支部的战斗堡垒作用和力量，协助地方基层党组织发挥作用，成为我所党支部思索的重要课题。"独龙江边境派出所政治教导员杨荣说。

为此，独龙江边境派出所始终坚持把共建基层党组织作为警地共建的"常青树"，与马库村委会、巴坡村委会、独龙江完小等党组织签订《警地党支部联创联建工作协议》，探索推出融党务、村务、警务于一体的"三务合一"模式，先后设立"流动党员活动室""警地流动党校"。坚持党课联上、制度联建、大事联议，实现了"教育资源共享、党员日常联管、警地共建共赢"的工作目标，形成党的光辉照边疆、边疆群众心向党的良好局面。

马库村党支部书记江仕民介绍，近年来，马库村党支部先后被州委、县委评为"优秀基层党组织"，3名党员被表彰为"优秀共产党员"，马库村被评为云南省"全省民族团结进步创建示范村"，受到了中央、省、州等各级领导的充分肯定和驻地群众的高度赞誉。独龙江边境派出所始终把维护边境社会稳定、增强群众安全感作为增进民族团结的出发点和落脚点。

155

增强守边固边意识

自2008年开始，为了提升边境沿线群众的生产生活水平，加强守土固边，云南省开始实施抵边补助政策。2011年，贡山县开始在县域内实施边民补贴，独龙江全乡6个村都被纳入补贴范围，按一类一线边境居民发放每户每年1000元的边民补贴。

为认真贯彻落实《中共中央办公厅　国务院办公厅印发〈关于加大边民支持力度促进守边固边的指导意见〉的通知》（中办发〔2017〕53号）、《中共云南省委办公厅　云南省人民政府办公厅印发〈关于加大边境居民支持力度促进守边固边的实施意见〉的通知》（云办发〔2018〕9号）和《中共怒江州委办公室　怒江州人民政府办公室印发〈关于加大边境居民支持力度促进守边固边的实施方案〉的通知》（怒办发〔2018〕49号）文件精神，切实做好边境居民补助工作，结合贡山实际，自2018年开始，补助按人头发放，发放标准分别为：一类一线边境居民每人每年补助1250元，其中，建档立卡贫困人口每人每年补助1500元（包含已脱贫、未脱贫、返贫）；二类居民（在抵边行政村居住的农村居民）每人每年补助500元；三类居民（在抵边乡镇居住的农村居民）每人每年补助250元。

独龙江乡马库村4个村民小组、巴坡村8个村民小组、孔当村11个村民小组、献九当村7个村民小组、龙元村5个村民小组、迪政当村6个村民小组都属于一类一线边境居民，享受一类居民的补助。

自2019年开始，抵边补助实行逐年增长机制，到2020年，全州一线边境居民补助标准每人每年不低于2500元。其中，建档立卡贫困人口每人每年补助不低于3000元；在抵边行政村居住的农村居民每人每年补助不低于1000元；在抵边乡镇居住的农村居民每人每年补助不低于500元。

边民补贴的发放，不仅解决了贫困群众的生计问题，而且提高了独龙族群众对国土、国界、边疆的认识，唤起了群众守边、固边的自我意识。

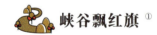

峡谷飘红旗[1]

一直以来，独龙江乡党委、政府坚持党对各项工作的全面领导，始终把基层党建贯穿于基层社会治理、强边固防的全过程，实现了基层党组织建设与基层治理有机衔接、良性互动。

为了引导和带领广大群众参与基层社会治理，形成共建共治共享的基层社会治理格局，独龙江乡强化群众的爱国意识、国家意识、固边守边意识，并完

---

① 薛金玲：《独龙腾飞跃千年》，载《边疆人民心向党》，云南人民出版社，2021。

成警务室、调解室、网格室、综治中心的建设。通过推动边境地区群众联网格、管网格、守国门、爱家乡等措施，进一步激发人民群众爱党、爱国、爱家乡的情怀，真正做到"村村是堡垒、户户是哨所、人人是哨兵"。

独龙江乡献九当村肖切小组（摄影：薛金玲）

157

　　为了更好地体现独龙族人民爱党、爱国，永远跟党走的决心，独龙江乡实施了"峡谷飘红旗"工程，在各村各寨、边境通道、教堂、爱国主义教育基地悬挂国旗。所有村民家客厅的正面墙上都悬挂着习近平总书记接见独龙族群众的巨幅照片，有的家庭还在墙上悬挂党旗、国旗，每周一组织升国旗、唱国歌活动。这些活动不仅坚定了独龙族群众心向共产党，一心跟党走的决心，而且激发了独龙族干部群众对中华人民共和国的认同感和爱国热情，促进并铸牢中华民族共同体意识。

　　如今的独龙江，在党的领导下，独龙族人民一心跟着共产党，边疆更稳定，人民更幸福。

　　走进独龙江，家家户户屋顶上飘扬着的五星红旗，每家客厅悬挂着的习近平总书记会见独龙族群众的巨幅照片，彰显了独龙族对中华民族共同体意识的高度认同，是生活在中缅边境，作为中华民族大家庭成员的独龙族群众用来表达对党、对国家感恩之情的最直接、最简单的方式。

深山走出脱贫路

云南人口较少民族脱贫发展之路

感人肺腑故事多

哪里有社会的发展和变迁，哪里就有为此默默付出的人们。在独龙族腾飞发展的这几十年中，出现了无数可歌可敬可爱的人，他们牺牲自我，以民族发展为重，带领老百姓一步跃千年，过上了梦寐以求的好日子。质朴善良、勤苦实干是他们的代名词，他们不仅仅是独龙族人民应该感激的人，他们的名字和故事更值得全省乃至全国人民铭记。

 独龙族发展的领路人

 "独龙之子"高德荣

他外貌看似不起眼，但在独龙江、在贡山、在怒江，甚至在云南和中国，不知道他和他的先进事迹的人很少，电视、报纸、网络等关于他的报道铺天盖地，他的名气很大，影响力很广泛。他在艰苦的基层做出了不平凡的事业，国家三代领导人都亲自接见过他，作为基层干部，能享受到如此高的待遇的实在不多。

他就是高德荣。

高德荣 1954 年出生于云南省贡山独龙族怒族自治县，独龙族，中共党员，曾任贡山县人民政府副县长、县人大常委会主任、县人民政府县长、怒江州人大常委会副主任等职务。2010 年 1 月起担任怒江州委独龙江帮扶工作领导小组副组长，2014 年 5 月退休后留任州委独龙江率先脱贫工作领导小组副组长。曾先后荣获全国敬业奉献模范称号、2016 年全国脱贫攻坚奖、2019 "最美奋斗者"个人称号。2019 年 9 月 17 日，国家主席习近平签署主席令，授予高德荣 "人民楷模"国家荣誉称号。

"高德荣同志致力于独龙江发展、致力于少数民族脱贫致富，长期驻守在半年以上大雪封山、条件极其艰苦的独龙江工作，为推动当地经济发展和民生改善倾注了大量精力、作出了突出贡献，被当地干部群众誉为'人民的好县长'。"这是《中共中央宣传部关于"时代楷模"的表彰决定》中对高德荣的授奖词。"时代楷模"，一个沉甸甸的荣誉，也是一个至高的荣誉。此外，高德荣还先后获得"全国优秀共产党员""全国少数民族团结进步模范""全国敬业奉献模范"等荣誉称号。

在独龙族同胞中，提到高德荣，还有一个人不能不提，他叫孔志清，是贡山独龙族怒族自治县成立后的第一任县长。孔志清是第一个识字的独龙族人，也是第一个到北京和毛主席握过手的独龙族人。他之所以能够识字，是遇到了当年跟随马帮到独龙江考察的植物分类学家俞德浚。他后来跟随俞德浚走出独龙江，到大理苍山脚下的一个学堂里学习，学费也是俞德浚帮他交的。他外出求学，最终又回到独龙江，带领独龙族同胞开拓新的生活。

高德荣和孔志清还有血缘关系。孔志清所走的路，以及对独龙江的发展所作出的贡献，对高德荣都有很大的影响。在高德荣的身上能看到孔志清的影子，高德荣很好地接过孔志清手中的接力棒，非但没有让独龙族同胞失望，反而以欲与天公试比高的精神，让独龙江铺满春色，让独龙族同胞过上了幸福的生活。

高德荣从小就有一个高远的志向。围在火塘边，他经常听父辈讲起自己族人的历史和故事。因为以前原始落后，独龙人被历代反动统治者当作野人，受尽了歧视和压迫。他为此感到愤愤不平，下定决心要去改变独龙族人的命运，要去提升独龙族人的社会地位。

1972年，高德荣初中毕业，并以优异的成绩考上了怒江州师范学校。跨过高黎贡山，他终于走出了独龙江大峡谷，看到了外面精彩和更加辽阔的世界，这让他激动不已。他的人生进入了一个全新的阶段。师范毕业，很多同学都回原籍工作，大部分被分配到很偏远的地方教书，而他因为在学校里表现出色，留在了学校任团委书记。

161

这是一份令人羡慕的工作，多少同学求之不得。可没有几年，他做了一个谁也想不到也想不明白的选择：决定回到独龙江公社巴坡完小任教，代理扫盲干事。

好不容易走出独龙江大峡谷可以振翅高飞，而他又放弃了，折回去过"苦日子"。"党培养我，读了书、明了理，独龙江需要我，我就要回来。"高德荣

说得干脆，做得漂亮。

从 1979 年回到巴坡小学，从教师兼任代理扫盲干事，再到教导主任，他一干就是 5 年。

2010 年 1 月，云南省委、省政府作出"不让一个兄弟民族掉队"的庄严承诺，部署"独龙江乡整乡推进整族帮扶行动计划"，实施"安居温饱、基础设施、产业发展、社会事业、素质提高、生态建设"六大工程，全面推进独龙江经济社会发展。这是共产党给独龙族人民带来的又一个福音。当然，要完成这六大工程，必须有一位好的带头人。高德荣自告奋勇，也非他莫属，担任独龙江帮扶领导小组副组长，主要负责独龙江公路的改扩建工程。回到独龙江，高德荣干劲十足，岁月催人老，而他从不屈服和认输，什么也阻挡不了他那一腔奔腾的热血。

高德荣说："人活着就要做事，不然生命就没意义。独龙族同胞还很穷，我却在外面享福，这个脸我丢不起！独龙江要发展必须有人走在前头，我是独龙族干部，受党的培养，独龙族人民需要我，我不上谁上？再说，官当得再大，如果同胞还穷得衣服都穿不上，别人照样会笑话你。与其花时间打扮自己，不如花时间建设好家乡。"他的话掷地有声，且历来都是这样去行事，他把独龙族同胞的冷暖挂在心上，与独龙族同胞奋战在一起。

2014 年 5 月，高德荣退休。可他退而不休，他说："我退休了，但是，共产党员的身份、责任和义务永远不会退休！我将在有生之年，牢记习近平总书记的谆谆嘱托，带领独龙族同胞，加快脱贫致富的步伐，与全国各族人民一起，艰苦奋斗，求真务实，开创祖国更加美好的明天！"

从州府回到独龙江工作，虽然这时中国已吹响改革开放的号角，可独龙江仍然是全国最贫困的地区之一。看到自己的独龙族同胞依然居住在茅草房、木楞房里，出行靠徒步，过江靠溜索，运输靠马帮，高德荣心里很不是滋味，也很着急。他知道，要解决这些问题，要改善独龙族同胞的居住环境，首先必须修通公路。公路就像人体里的血脉，血脉畅通无阻，生命才会充满活力，一个地方的发展也是一样。

可要修一条独龙江连通外面的公路，比登天还难。缺资金、缺项目是一方面，最主要的难题是如何去攻克高黎贡山的阻挡。高黎贡山海拔最高处有 5128 米，山体陡峭，山高谷深，沟壑纵横，氧气稀薄，气候恶劣，要想征服高黎贡山，高德荣也没有底气，但他从未放弃过修路的念头。遗憾的是，1990 年，他离开独龙江到贡山县城工作时，心中的那条公路在现实中还没见到一点儿踪影，困扰着

独龙族同胞的交通问题还没得到实质性的解决。

高德荣的人生梦想之一，就是要为独龙族同胞修一条公路，打破与外界割裂的历史现状。为此，他一直在四处奔走，寻找机会。正所谓"精诚所至，金石为开"，1997年，高德荣的呼吁得到上级党委、政府的重视，由国家交通部投资修建的独龙江公路正式开工。

为了打通独龙江的生命线，他几乎每天都亲临修路一线，他要做好指挥和监督工作，因为高黎贡山的地形、地貌他最熟悉。有时，他还要参与撬石头、挖土等体力活，还常常给工人们烧水做饭。身为领导干部，他做好表率，不遗余力地付出，修路工人们看在眼里，敬佩在心里，都以他为榜样，工作上不敢有丝毫的怠慢，不然感觉对不住他，对不住独龙族同胞。

1999年9月，独龙江公路建成通车，结束了中国最后一个少数民族地区不通公路的历史。独龙族同胞从此走出了大山，实现了与现代文明的对接与融合。之前，来回县城需要走六七天，而现在只需要十四五个小时。

公路修通后，独龙江发展的步伐迈得更快。但随着时代进程的加快，独龙江公路已有点儿跟不上了，路面窄，易塌方，给出行带来很多不便。另外，独龙族同胞的心头还压着一座山没有移走，那就是长达半年的大雪封山。独龙江公路没有绕开这个季节，一到大雪封山，里外又被隔离。高德荣一直在思考该如何解决独龙族同胞被大雪围困在里面的千年难题。

高黎贡山独龙江隧道出口段建设任务由武警交通部队三支队承担和完成。该工程具有很大的挑战性，除气候和环境恶劣外，还要攻克"大断层、裂隙多、强涌水、高纵坡"等诸多世界性技术难题。但这些并没有难倒官兵们，他们都是精兵强将。为了保证该工程能够顺利完成，很多官兵连续三年都没回家过春节，一直坚守在工地上。施工期间，官兵们先后成功规避塌方300余起、泥石流79起、雪崩52次，19人次被岩爆、飞石击伤。面对险境和险情，官兵们从未退缩，临危不乱，最终不负使命，圆了独龙族同胞之前想都不敢想的一个梦。

2014年4月10日13时28分，注定是载入史册的重要时刻。高德荣带领独龙江的干部群众，早早地等候在隧道出口处，大家的心情万分激动，整颗心都似乎提到了嗓子眼。"嘭"的一声巨响，高黎贡山颤抖了一下，为期4年的独龙江公路高黎贡山隧道胜利贯通。随之，掌声、欢呼声、喜极而泣声不断响起，越过高黎贡山，飘荡在空中。

高德荣代表独龙族同胞给官兵们敬献独龙花，并亲自戴在官兵们的胸前，

以表达独龙族同胞对官兵们的深深感激之情。他情不自禁脱口而出："千年的铁树开花了，万年的冰雪融化了。"

高黎贡山隧道的成功贯通，让独龙江公路比原来的里程缩短了16千米，且极大地改善了行车环境。它还创下我国高海拔地区特长隧道施工的七项之最：埋藏最深、地应力最大、里程最长、岩层最为破碎、山体裂隙最多、封山期最久、技术标准最高。

高黎贡山隧道是独龙族同胞走向春天的通道，也是生命的通道。对于这点，独龙江乡孔当村村委会主任普光荣最有体会。

隧道贯通那天，普光荣5岁的女儿普艳芳在电炉前取暖，一不留神，她的裙子碰到通红的电炉丝，瞬间燃起来，从脚烧到胸口，造成大面积烧伤，生命危在旦夕。虽然第一时间就把女儿送到了独龙江乡卫生院，可是这里的医疗条件始终有限，医生只对女儿的伤口进行了简单的处理。普光荣急得团团转，无计可施。他也想把女儿送往外面的大医院治疗，但偏偏时逢大雪封山的季节，无法出去。

高德荣得知此事，立马与施工单位负责人协商，把刚刚贯通的隧道进行平整，同时联系贡山县医院的救护车在隧道的另一出口等待接应。在大家的共同努力下，一条急救通道很快完成，载着普艳芳的车辆从坑坑洼洼的隧道里艰难地行驶出来，随即又被已等候着的救护车送到了县医院。从独龙江到贡山县医院，只用了3个小时，这简直就是一个传奇。由于抢救及时，普艳芳脱离了生命危险。之后，她又被送往北京武警总医院进行救治，最终康复出院。"如果不是独龙江公路隧道及时贯通，我女儿恐怕就救不活了。"普光荣热泪盈眶。

独龙族是一个善良的民族，不管什么时候都会为他人考虑和着想。跟老县长同车的一名干部打电话给我们，说在某个地方老县长用石头压着几根树枝，我们可以下车看看。

164

到了所说的地方，果然看见老县长亲手留下的"路标"。独龙族人有一个习惯，也是善良之举，就是在自己历经的危险路段会折几根树枝，用石头压在路边，以此提醒后面过来的人要小心谨慎。老县长提醒我们的地方，的确有些危险，弯急，路的外边临江，垂直下去好几百米，江水湍急，若不慎掉下去，后果不堪设想。而路的里边，仰头望，那些松动的泥土和石块一触就会掉下来，据说，这里经常塌方，事故不断。几年前，有一名干部去马库村参加村委会人员的换届选举工作，为及时反馈选举结果，便坐车冒雨返回，途经这里，突然发生

泥石流，道路被冲断，车子及里面的人险些被埋。现在回想起来都还有些后怕。

路，不仅关乎发展致富，还关乎人们的生命安全。终于明白，高德荣为何不惜一切代价地去修路，为何不辞辛苦地去为独龙江的路能够畅通无阻而奔波。

另外，一个地方要发展致富，必须有相关产业的支撑和保障。这点，高德荣早就意识到了，也一直在探索和实践。

独龙江乡地处高黎贡山和担当力卡山之间，独龙族同胞沿江而居，开阔地很少，要发展工业或高科技产业是不可能的，只能寻求一条适应当地环境和气候的发展之路。独龙族同胞历来与大自然保持和谐的关系，他们的衣、食都是大自然赐予的。在刀耕火种年代，他们就对大自然怀有敬畏和感恩之心，所砍倒的树、所烧的荒地都不会太多，只要够种出能填饱肚子的玉米和土豆就可以，而且烧荒之前，都会敲锣打鼓，赶走飞鸟、走兽及地里的虫子，就怕伤及无辜的生命。上山打猎，猎人绝不会贪婪，打哪些猎物，打多少猎物，都会有所节制，不会猎杀怀胎、哺乳的动物及幼崽。还有到江里捕鱼，小鱼都会放回去，半斤以上才会要。他们知道，破坏大自然，对其他生物赶尽杀绝，就等于断了自己的生路。

作为独龙族的一员，高德荣很清楚"规矩"，发展致富必须建立在生态保护的基础上。他说："祖先留给我们的资源不能乱用，要对得起我们的祖先，要对得起我们的子孙后代。"经过多方走访，他又请相关专家到独龙江调研和考察，然后得出结论，种植草果是不错的路子。草果是药食两用的中药材大宗品种之一，有较高的实用价值和经济价值。它喜温暖湿润气候，怕热，怕旱，怕霜冻，还喜阴，适合在树下生长。而独龙江气候湿润，雨量充沛，好像就是专门为种植草果而准备的。种草果既能发展致富，又不会破坏当地的生态和植被，两全其美。2007年，高德荣率先示范种植，把种植草果确定为独龙江发展产业的主打项目。他还形象地给它取了一个名："绿色银行"，属于独龙江的"绿色银行"。

165

可有一个难题又摆在了高德荣的面前。独龙族同胞是从原始社会末期直接过渡到社会主义社会，知识水平、生产方式、思想观念等还有点儿跟不上时代的步伐。要让他们种植草果，他们有些茫然，心里也没有底气，不知从何下手，要学问没学问，要技术没技术。

平常都是以原始的耕种方式种植一些熟悉的农作物，现在要以科学的耕种方式种植经济作物，于他们而言，实在太难了。幸好高德荣有一个草果基地，专门为他们提供服务。

基地有一排茅草屋，是他亲自带着大家砍竹子、编竹墙、盖屋顶、挖火塘

搭建起来的，里面有一张直通铺，能住60多人。屋子外面的山坡上就是试验田，种着草果、重楼、石斛等。他把独龙族同胞们召集到基地进行培训，吃住都在这里，让他们学习和掌握科学的种植方法。他还自掏腰包，宰猪、杀鸡来招待前来参加培训的独龙族同胞，为了让独龙族同胞能够脱贫致富，付出再多他都乐意。

独龙族同胞从种植草果中尝到了甜头，由原来的"要我种"变成了"我要种"。高德荣看到自己独龙族同胞的日子越来越好过，心里也是甜滋滋的。但他并不满足于现状，这离他追求的目标还有一段很大的距离。种植草果固然能让大家脱贫，但从市场情况和未来前景看，要有很高的利润，要实现真正的致富，还是有点儿难，需要再发展一个更好的产业。而重楼无疑是不二之选，它具有清热解毒、消肿止痛、凉肝定惊之功效，是名贵的中药材。为此，高德荣还找到相关药品生产企业，签订了合作协议，以保证大家种出的重楼能卖上一个好价钱。重楼的种植和管理要求更高，高德荣还是把相关培训安排在他的"秘密基地"。重楼喜欢生于山地林下或路旁草丛的阴湿处，尽管它的生长周期比草果长，至少四五年才能收获，但其价格很高，会得到成倍的回报，一切的付出和等待都是值得的。

一位独龙族妇女，她背着篮子，钻进用遮阳网盖的大棚里查看重楼的生长情况。她小心翼翼地扶正有点倾斜的重楼，还时不时地摸摸这株，又摸摸那株，这些重楼就是她的希望。看到自己家种植的重楼长势良好，她内心的喜悦难以掩饰，都显露在脸上。早上，她才去卖了30斤重楼，收入就有900多元。她们村家家户户都种了重楼，她家的田地有一半多种了重楼。

高德荣一直牵挂着"家里人"和"亲戚"，他带着子女走亲戚，他说："要把公路修通，不然家里人出不去。"他心中的这些"家里人"和"亲戚"其实是所有的独龙族同胞和贫困户。他所想所急的都是独龙族同胞的事，看到哪家生活困难，没有吃的和穿的，他都要亲自上门，给予帮助和关爱。他授人以鱼，也授人以渔，除了给贫困户送钱或生活必需品外，还为他们寻找脱贫的路子，手把手地教他们耕种和养殖，给他们致富经，这样才能从根本上解决问题。有些人起初不理解、不自信，他就耐心地开导和鼓励，为他们承担风险，解除他们的后顾之忧。

为了独龙江的发展，高德荣觉得再苦再累都值得，至今他翻越过多少次高黎贡山，已无法统计。只要有利于改善独龙族同胞的生活困境，他都要亲力亲为，

都要跑到最前面，最艰险的地方都会有他的身影。有一年，外面的一批医生和教师抵达贡山，要到独龙江支医支教，当时，高德荣还生着病，但作为县里的领导，他执意要亲自护送他们进独龙江。独龙族同胞太需要这样的温暖和力量，在他心中，关乎老百姓的事就是大事，何况他对进独龙江的路况和高黎贡山的天气比较熟悉。

不料，其实也在意料之中，当高德荣护送支医支教的医生和教师到半路时，遇到下大雪，封住了去路，他们被困在高黎贡山上。夜幕降临，大家只能搭帐篷，住在雪地上。大雪一直在不停地下，有些人开始感到惊慌。高德荣宽慰他们，说已调来装载机，路很快就可以通行，还给他们唱歌缓解内心的不安。雪夜里的“演唱会”，让大家在欢快之中忘记了身处险境，安然入睡。而高德荣一夜未眠，他时刻观察着动静，怕有意外发生。他很清楚，情况并不妙，眼前已陷入进退两难的境地，大雪把后面的路也封死了。

直到第二天下午，在各方努力下，路才可以通行。把大家安全护送到独龙江，高德荣悬着的心才放下来，这些医生和教师是他请进来的，他要对他们的生命安全负责。

高德荣在县上工作期间，每到学校放寒假，他家里就有好多孩子在打闹，或学习。这些孩子与他非亲非故，但他视其为自己的孩子，对他们很关心，供他们免费吃住，有时还辅导他们学习。他们都是从独龙江出来到县城读书的独龙族同胞的孩子，此时正是大雪封山，他们无法回家，父母也无法出来看望他们。知识能改变命运，也能改变独龙江的落后面貌。高德荣鼓励自己的同胞要让孩子多读书、读好书，要走出去，有困难他来解决。这些孩子整个寒假吃住都在他家，饮食起居都由他和家人来照管。

对独龙族同胞的孩子，他很用心，有什么需求都会想办法尽量满足他们。但对自己的亲生子女，他变得有些“冷漠”，也许他稍微打个招呼，子女的事就会轻而易举地办成，可他从来没有这么做过。作为一名党员干部，他以身作则、克己奉公，不因为自己有权有势，子女就可以不一样，就可以走捷径和“后门”。他当时担任贡山县县长，儿子参加公务员考试，连续两年都没考上，他只对儿子说了一句话：“好好用功，多看看书。”女儿要结婚，他严肃地说：“绝对不能以我的名义请客。”

高德荣做事非常有魄力，有时还会毫不留情地“骂人”，很多干部和办事员都有点儿“怕”他。哪个不为老百姓着想，不把老百姓的事办好，他都会问责

到底，不管是谁，都要"遭殃"。但高德荣对别的人却非常和蔼可亲，特别是对老百姓，他总是跟他们心贴心，为他们排忧解难，从未摆过领导干部的架子。修公路时，他天不亮就起床烧火，给工人们煮早饭；有些子女在外谋生，或服役，家里的孤寡老人遇到难处，他都要给予关照，等等。

如今，年事已高的高德荣还在为独龙族同胞的致富奔忙，还在为独龙江的发展奔忙，他的脚步怎么也停不下来，他的故事还在继续，就像独龙江水，滔滔不绝。

苦干实干的"独龙牛"

"天无三日晴，地无三尺平""看天一条缝，看地一条沟""出门看见人，见面走一天""看见马帮吃救济，不见马帮饿死人"是独龙江的真实写照。独龙江乡地处横断山脉的高山峡谷地带，整个区域被独龙江一刀切成两片深谷。在这块集山区、边疆、民族、贫穷、落后于一体的极度贫困的"无人区"，有一群共产党干部"敢教日月换新天"，在默默地燃烧着青春、奉献着边疆，他便是他们中小小的一分子，他叫孔玉才。

在 2019 年全国脱贫攻坚奖表彰大会的会议厅里，穿着民族服饰的孔玉才坐在西装革履的人群中稍稍显眼。这一身民族服饰使他少数民族的身份不言而喻，而谈起孔玉才的民族，很多人会有些陌生。那是人口只有 4000 多人的独龙族，也是为数不多的在中华人民共和国成立后由原始社会末期直接进入社会主义社会的"直过民族"。脱贫攻坚，"直过民族"历史上经济底子薄弱，脱贫任务更艰巨。然而在 2018 年，位于云南怒江州峡谷深处的独龙江乡已经整族脱贫，而独龙族干部孔玉才正是带领乡亲走出贫困的领路人之一。

2012 年，孔玉才的妻子没有工作，儿子还在蹒跚学步，他毅然决然放弃了贡山县民宗委较好的办公条件，离开温暖的家庭，以新农村指导员的身份回到了家乡。当时独龙江全乡公路为毛路，他被分配到最南面的马库村易地搬迁安置点——钦兰当村民小组，担任马库易地搬迁安置点点长。基础设施落后，山陡谷深，独龙族群众又散居在河边、山腰或森林深处，即便是只有 70 户人家的马库村，孔玉才整整用了 2 个月时间才把全村的基本情况掌握清楚。

入户走访，了解全村情况只是第一步，艰巨的工作任务还在后头。在易地扶贫搬迁安置中，马库村委会属于整村搬迁类别。如何协调好土地置换关系，如

何才能让马库的群众离开世居的地方到集中安置点，如何保障他们搬得出、住得下，如何才能说服马库群众离开世居老村、心甘情愿搬到集中安置点，他无时无刻不在想办法解决这些问题。

独龙族拥有着专属于本民族的独龙语，由于自己是独龙族人，会讲独龙语成了孔玉才的优势，与乡亲们沟通时，也多了几分亲切。在马库村整村搬迁动员中，孔玉才厚着脸皮、走破脚皮、磨破嘴皮，在"走了一次又一次"的辛苦工作下，瘦小的新农村指导员打动了马库村的独龙族同胞，大家才认为他是真心来为百姓办事的，积极配合他的工作。2014年，马库村的整村搬迁顺利完成。

2014年，孔玉才被组织委以重任，担任乡党委副书记。他匆匆收拾好办公桌后，又花了更多的时间奔走在独龙江乡纵长97千米峡谷的村村户户，参与完成了全乡28个安置点的安置工作，大家亲切叫他"孔指导"。如今，马库村获得了社会主义核心价值观示范村、云南省美丽乡村示范村等荣誉称号。全乡1100多户群众住上了宽敞明亮的钢混结构美丽宜居房，开始打理自家庭院，家家户户种了花树，彻底告别了木楞房、篱笆房。

然而，当全乡的老百姓住上了新房时，孔玉才的心里仍然万分着急，无法释然。"老百姓住上了新房，但是我们的半年封山没有改变，经济发展没有上来。"被派至独龙江乡前，孔玉才的爱人尚未有稳定工作，而孩子也还在牙牙学语，可此后每当在山外的爱人给孔玉才打电话催他申请回到县城上班时，他都说等这里条件好点儿，再出来和家人团聚。

"要发展，既要修路，还要产业支撑"，多年一线的工作让他有了思路。白天跑各安置点调研村组路硬化路线，跑担当力卡雪山研究隧洞，钻原始森林研究草果。一年365天，独龙江有200天山上是雪天，山下是雨天。一年里，一半是雪人，一半是雨人，感冒发烧常发生，野菜野果当药膳。2017年2月，连续的降雪，山上的雪已经积厚4米多，临近一年一度的春节了，为让大家回家和家人过年，2月10日，在两台装载机作业保通的情况下，还是有61人和21辆车被困在担当力卡雪山，他得知后，立马组织人员前去救援。凌晨2点多，在返回的路途中，惊险的一幕发生了，他陷入了雪地，身高1.55米的孔玉才完全被雪淹没。

169

"如果没有其他同事一起同行，可能自己就无法爬上来了，如果受伤，山上又没有信号，也联系不上医疗队。"想起当时的场景，他还有点儿后怕。

他说，他一直告诫自己传承弘扬独龙族人大雪封山、刀耕火种的精神，发

扬共产党人的艰苦奋斗精神，用苦干实干、顽强拼搏、攻坚克难、坚韧不拔的毅力战胜"缺条件"的独龙江不具备的几乎所有条件。听党指挥、团结群众、奋发向上，狠抓基础设施建设、新农村建设、产业发展，努力改善民生，使独龙江乡村面貌发生了翻天覆地的变化。孔玉才就像一条咬定目标不放松的"蚂蟥"，更像一头苦干实干的"独龙牛"。

2014 年 4 月 10 日，独龙江隧道贯通，标志着独龙江乡的独龙族同胞将彻底告别半年封山的历史。"天堑变成了通途"，这是我们独龙族同胞的又一次"解放"，说起独龙江乡不再封山，孔玉才的脸上总会不自觉地挂起欣慰的笑容。

2016 年，在组织的悉心栽培下，他当选上了独龙江乡人民政府乡长，尽管职位升迁，他依旧坚守着初心，一心一意为人民，全心全意扎根在边疆。孔玉才虽然兑现了对独龙族群众的诺言，却没有兑现对妻子"等这里条件好点儿，我再出来和你们团聚"的诺言，但他践行了"和你们团聚"的男儿担当，把妻儿接到了独龙江共同生活。

独龙江湿润的气候，适合种植草果。在孔玉才等乡党委、政府工作人员的动员下，草果作为当地重点特色产业在乡里推广开来。马库村村民迪志新也种上了 40 亩草果，每年光草果收入就有 2 万多元。如今，水泥路通到了家门口，除了种植草果，迪志新还跑起了运输，年收入达到 4 万多元。

在对独龙江深入调研和 7 年坚守的基础上，通过充分的分析和论证，孔玉才深深体会到，独龙江的发展，群众教育是关键，他们利用党委会部署群众教育工作，利用走村开展党员大会、群众大会、座谈会等大会小会的机会，把党的惠民富民兴民政策及时带到群众身边，使独龙族群众真正了解党的政策方针。"我们实现了率先脱贫、全面小康，但是我们的人民群众素质能力还很落后，我们的百姓还没达到新型技术型农民的要求。"他时常这样跟大家说。

2018 年，全乡清除彩钢瓦建筑物 300 余间，约 3 万平方米，清理垃圾 350 余吨，拆除旧房 172 栋，复垦土地 248 亩，大力推动了乡村振兴战略深入实施。在完成圈厕分离、人畜分离的基础上，实施人居环境整治进网络、进家庭，推动形成了"每日一晒"孔当经验，人民群众爱干净、爱卫生形成了行动公约。而他在对独龙江乡深入调研和总结经验后，和乡党委班子下一步的计划是，力争用 3 年时间完成独龙江风情旅游小镇与 4A 级景区建设，把独龙江乡建设成为"文面部落、秘境胜地"，让独龙江更具特有的味道，更能记得住特殊的乡愁。再下一步的计划是为旅游开发"民房变客房"打基础。

在乡党委的领导下，他对标聚焦，履职主体责任，狠抓基层党建工作，结合独龙江乡实际，创新开展"三个队两个一"活动，成立护村队、党员志愿服务队、文体队，全乡结合"感党恩、听党话、跟党走"全民教育活动开展每日播报中央新闻、周一升国旗唱国歌和国旗下演讲活动，全乡上下进一步增强了"四个意识"、坚定了"四个自信"，筑牢了边疆人民跟党走的决心。

2018 年，全乡常住居民人均纯收入达 6122 元，草果种植达 6.8 万亩，药材重楼的种植达 1700 多亩，黄精、羊肚菌、独龙牛、独龙鸡、独龙蜂等产业培育成功，独龙江乡既保护了良好的生态，又实现了跨越发展、绿色发展，实现了村村通硬化路，户户通网络，家家有新居，户户有产业，人人有保障。同年底，独龙江乡率先脱贫。

"现在回头看看想想原始社会末期过渡到社会主义社会，想都不敢想，独龙江的跨越发展，让我们深刻感受到了中国共产党领导的政治优势、中国特色社会主义的制度优势、中华民族大家庭的团结奋斗优势。"孔玉才说，他也实现了 2012 年动员人民群众时作出的承诺。

在 2018 年脱贫之际，独龙乡党委给习近平总书记写了一封信，2019 年 4 月 10 日，习近平总书记给贡山县独龙江乡的群众回了信。4 月 11 日，当拆封习近平总书记的回信时，孔玉才激动感恩之情难以言表，眼眶情不自禁湿润了。他说，当每一次给全乡群众传达习近平总书记的回信内容时他都会振奋和哽咽，那一次仿佛把他拉回到了 7 年前回家乡的一幕，也许是触碰到了无数次夜里不敢想的"妻想老公，儿喊爹"的思想防御。7 年来，他们始终不忘初心，牢记使命，一直坚守岗位、坚守边疆，用实际行动展现共产党人的先进性，同时也显现出独龙族人对党的感恩之情。

说起独龙江乡的新事物，孔玉才感慨不已。时空交错，1952 年，独龙族才有了现在的族名。20 世纪末，独龙族群众仍靠挖野菜、狩猎等方式勉强度日。到 2009 年末，全乡人均纯收入不到 1000 元，人均粮食产量仅为 201 千克，大部分自然村不通电，群众饮水困难，缺医少药现象突出，处于整乡整族贫困状态。

171

"以前从迪政当村到乡政府需要 3 天，现在只需要 1 小时。"孔玉才说，2010 年，"独龙江乡整乡推进独龙族整族帮扶三年行动计划"正式启动，云南省 32 个省级部门和上海市在安居温饱、基础设施、生态保护等方面合力攻坚。

上海对口帮扶独龙族的发展项目，共实施 7 个整村推进项目，为 323 户建成安居房，提升改造 5 所村级卫生室。产业发展也取得成效，提高了独龙族群众

长期致富的能力。

木润英是独龙江乡孔当村的脱贫户。在评为建档立卡户时，虽然已有安全住房，但她独自带着 3 个上小学的孩子，家里的主要收入来源草果，也因泥石流淹没了。

"我不懒，我想脱贫，但之前找不到门路。"木润英用不太流利的汉语说。针对木润英家里的情况，村里推荐她参加养蜂培训会。通过发展草果种植、养蜂等产业，木润英家年收入超过 2 万元。

为了增加群众收入，当地除了免费发放草果苗外，还在招养独龙蜂、种植重楼等中药材方面下了很大力气。2017 年，全乡草果产量达 742 吨，销售价格为每斤 8 元至 10 元。

"2017 年，村民的人均纯收入实现历史性突破，达到 4959 元。"孔玉才说，现在乡里大部分家庭都有面包车，条件差一点儿的家庭也有了摩托车。

2016 年底，广东与云南签订对口帮扶协议，珠海市对口帮扶怒江州，随后开展了包括医疗帮扶、劳动力转移输出等在内的一系列工作。今年年初，独龙江乡就有 15 名群众到珠海务工。

收入提高后，村民也开始注重卫生条件了。"村里卫生评比结果出来了。"正在巡山的护林员肖玉才听见微信声响，拿起手机看见群里正在说本周村里卫生评比的情况，"好的会被表扬，差的会被通报。"

为了提高村里的卫生条件，政府给村民配发了洗衣机，还教育大家养成爱卫生的习惯。村里的大喇叭每天都提醒大家把屋子收拾干净，爱护村里的环境卫生。"扶贫干部还经常来家里查看卫生情况呢。"

基层设施改善、收入水平提高、生活习惯变好……"很多老人说，做梦都没想到会有今天这么好的日子。"站在村口的孔玉才说，告别过往，每天都是新的一天，每一步都是新的道路。

"我们独龙族同胞过去从原始社会末期过渡到社会主义社会，现在更实现整族脱贫，想都不敢想。"说起今昔独龙江之变，孔玉才感慨万千，"今年我获得了脱贫攻坚贡献奖，我觉得是对我个人最大的鼓励，同时也是给我最大的鞭策。下一步我们要做的工作还有很多。"他相信，正如习近平总书记此前勉励独

---

① 记者田杰雄、编辑唐峥，《新京报》。

龙族乡亲时所说的那样——更好的日子还在后头。①

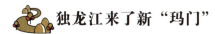 ## 独龙江来了新"玛门"

"玛门"是独龙族群众对警察的亲切称呼，2013年，乡里来了交警，这对当地群众来说是件新鲜事。2名民警、1辆警用摩托车、没有办公用房，这是独龙江交警中队成立时的状况。与艰苦的环境条件相比，让2名年轻民警感到更为棘手的问题是当地群众交通安全意识的淡薄。据统计，2013年全乡机动车无证驾驶率高达70%，机动车辆违法载人、超员超载现象超过60%，普通两轮摩托车落户上牌率不到20%。

面对这一现状，中队民警深感肩上的责任重大，迫切需要尽快提高当地群众交通安全意识，更好地助力独龙江乡经济发展、社会和谐、文明提升。中队民警以宣传为切入点，全面统筹推进法治宣传、安全教育、查纠违章和隐患排查等工作，通过在行政村设立"道路交通安全广播站"，用独龙语翻译交通安全知识并刻录成宣传光碟定期播放。在每个村设立交通服务点，由村干部担任兼职交通协管员和联络员。聘请交通法规副校长深入校园开展"小手拉大手"教育宣传，以案释法，精心织就了一张覆盖全乡的交通安全宣传教育网。

2014年的一天，中队民警在路上巡查时，发现一辆缓慢行驶的拖拉机后面跟着一名小学生，经了解，这个孩子因为在学校法制课上听民警讲到拖拉机载人是违法行为，所以他宁愿步行18千米回家，也不愿坐父亲的拖拉机，不愿看到父亲违规驾驶。经过不懈努力，民警潜移默化中将一颗安全的种子种在了独龙江乡每一个孩子的心中，同时也让孩子们将这颗安全的种子播撒到独龙江乡每个家庭。

随着面包车驾驶员的不断增多，2014年2月，中队开始对客运车辆实行"全程人工限速"，并每月抽出两天时间，为驾驶员开办"重点驾驶员帮教班"。自进驻独龙江以来，中队将所有的精力全部投入独龙江乡发展，一心为群众排忧解难，除了开展"送证下乡""送考下乡"等便民举措外，中队还持续开展便民利民活动。截至2021年12月，中队先后在独龙江乡开展"点对点"手机网络宣传、违法曝光栏目建立、摩托送检下乡和独龙江乡车驾管业务及违法办理窗口正常办理等活动。

"独龙江来了新'玛门'，出行风险降低了，大家的出行安全得到更好的

保障了。"当地独龙族群众这样说道。中队 9 年的坚守，让独龙江乡交通安全法律意识普及率达到 90% 以上，全乡的交通环境乱象明显得到改善，为独龙江乡经济社会发展提供了稳定的社会环境。

独龙江新"玛门"们不仅需要科普安全知识，也得保护村民们的生命安全。

全长 79.6 千米的独龙江公路有 794 个弯，被称为怒江州最难走、最危险的"天路"，雪崩、泥石流、塌方等自然灾害经常发生。为确保独龙族群众生存发展的"生命线"——独龙江公路的贯通，保通、救援的重担落在中队民警的肩上。多年来的救援保通，让锄头、砍刀、绳子、药箱、干粮、防滑链、拖车绳成为独龙江交警中队民警出行必备的"七件宝"。

2019 年 2 月 9 日，独龙江公路发生雪崩，10 多辆车、20 多人被困。接到报警电话，在向贡山县公安局交警大队报告后，中队民警立即赶往现场开展救援。救援过程十分艰险，遭遇强降雪，通信中断，人员、车辆进退不得。面对极端恶劣的天气，民警二话不说，及时把干粮分给群众，然后立即转身冲进雨雪中分头寻找受困人员。直到凌晨五点，才找到所有受困人员，并把他们安全转移到临时安置点。"危难之时，还得靠人民警察。独龙江交警，真了不起。"一位脱离危险的上海游客这样感叹道。

9 年来，发生在中队民警身上类似这样参与救援保通、解救群众的暖心故事不胜枚举。"我们也是凡胎肉骨，每一次参与抢险救援，其实心里也没底，但我们穿着这身制服，这就是我们的使命。"中队长李俊华口中这样说道。

为进一步发挥基层党组织的战斗堡垒作用，在贡山县委组织部的指导下，中队于 2018 年 3 月从贡山县公安局交警大队党支部划分出来，成立了独龙江交警中队党支部（贡山县公安局第六党支部），中队 7 名民（辅）警中有 2 名正式党员、2 名预备党员、1 名入党积极分子，2 名新招录的辅警也提交了入党申请书。支部成立以来，紧紧围绕中心工作，深入推进党建引领制度化、学习教育规范化、管理服务法治化、创先争优常态化，有力促进了各项工作开展。

在新冠肺炎疫情防控期间，中队党支部把疫情防控作为最重要的政治任务，认真执行党中央统一决策部署，落实"疫情就是命令，党旗就是集结号"的总要求，在贡山县委、县政府的坚强领导和独龙江乡党委、政府的正确指导下，进一步筑牢"一名党员就是一面旗帜，一个支部就是一座堡垒"的理念，主动联合独龙江边境派出所、独龙江中心卫生院成立临时党支部，21 名党员主动签下请战书和责任状，实现班子靠前指挥、党员民警冲锋在前，在疫情防控中"亮身份、

担责任、勇作为"，不断夯实党组织战斗堡垒，积极发挥党员先锋模范作用，坚决筑牢边境疫情防控第一道防线。独龙江交警中队党支部这团充满活力的"小火苗"，坚持把党和国家政策宣传放在突出位置，积极担任政策"宣传员""讲解员"，走村入户，为独龙族群众送上暖心政策知识"大礼包"，让鲜艳的党旗始终高高飘扬在独龙江畔。

自进驻独龙江乡后，中队以爱民、为民、利民的情怀，将公安事业融入群众生产生活中，扎根在祖国边境，多年的辛勤付出和牺牲奉献，得到了各级党委、政府和广大人民群众的高度肯定，先进事迹被国内各大媒体争相报道，以独龙江交警中队为题材的微电影《独龙江交警中队》在国内外获得多个奖项。2015年11月，中队被云南省公安厅授予"云南省第二届公安机关爱民模范集体"称号；2015年11月，被云南省公安厅授予"集体二等功"；2017年5月，被公安部授予"全国优秀公安基层单位"称号；2018年12月，被云南省委组织部、省委宣传部授予"云南省人民满意的公务员集体"称号；2020年2月，被云南省公安厅授予"集体三等功"；2021年1月，被公安部授予"集体一等功"。

 ## 独龙江乡守护人

 ### 守护"生命线"的最美公路人

"咱们独龙族也有自己的公路养护队伍了。"

"以后我们的公路由我们自己来管养，再也不用怕出不去、进不来了。"

1986年7月出生于云南怒江美丽的独龙江畔的龙建平，曾获得"全国脱贫攻坚先进个人"、交通运输部2016—2017年度"全国交通运输行业文明职工标兵"、2021年"云南青年五四奖章"（脱贫攻坚专项）等荣誉，他所在的独龙江公路管理所荣获"2019感动交通年度十大人物（集体）"称号。

中华人民共和国成立前，独龙族同胞从独龙江乡到贡山独龙族怒族自治县，必须翻越高黎贡山，来回耗时半个月；中华人民共和国成立，人马驿道修通以后，往返路程需要六七天；1999年，独龙江简易公路贯通，除了大雪封山时，其他时间七八个小时便可到达县城；如今隧道通车后，到县城只需要3小时。

这条路、这份事业对于龙建平来说有着特殊的意义。他说，以前交通的不便利是他们正在成长求学的青少年的硬伤，新隧道没有建成以前，每年的大雪封山，让在外求学的他读完初中就失学了，低学历成为他求职的拦路石。命运的转机出现在高黎贡山独龙江公路隧道通车后的 2016 年。这一年，云南省公路局委托怒江州人力资源和社会保障局公开招聘 9 名独龙族工勤人员成立独龙江公路管理所，专门管理养护高黎贡山独龙江公路隧道至独龙江乡政府 S318 线云岭独龙江公路段。特殊的历史机遇和党的好政策，才使得他开启了崭新的人生。

2017 年，通过特招考试，龙建平和 10 名独龙族同胞成了第一代独龙族养路人，他所带领的独龙江公路管理所虽然只管养着 79.138 千米独龙江公路，却把 4000 多名独龙族同胞与全国 13 亿人民紧密联系在一起，承载着一个全国人口较少民族的希望和未来。在工作中他勤于思考，善于创新，敢闯敢干，一心一意带领着同事们把独龙江公路养护好，恪尽职守、爱岗敬业，牢牢地扎根在当担力卡山谷和独龙江畔平凡的公路养护岗位上，坚持为独龙族人民"养好公路保障畅通"。成为独龙江公路的"守护者"后，龙建平和同事们无怨无悔地守护着这条独龙族连通外界的"生命线"。说起这几年的工作经历，龙建平慷慨万分，他说，高黎贡山山高谷深、气候多变，独龙江公路如同一条丝带缠绕在山腰，在这里开展公路养护，雨季清塌方、冬季除积雪成为独龙江公路管理所全体职工的工作常态。1000 多个日夜，龙建平带领队伍不分昼夜蹲守清障，养路护路，在他的信念中"只有横断的山脉，没有中断的公路"。

一场雨，使得独龙江公路多路段的三面沟里堆满了淤泥，正在路上开展道路养护排查的龙建平立即带领同事投入清淤工作中。满头大汗的他一边铲着泥沙一边说，这样的清障算是"比较轻松的"。

作为独龙江公路上一颗小小的"铺路石"，龙建平当年刚走上公路养护岗位时，对养护工作一窍不通，养护知识更是知之甚少。成为公路人以后，随着多次进出独龙江公路，他对独龙江公路有了更多的了解，深知仅靠人工养护，根本解决不了独龙族安全出行的问题。按照组织的统筹安排，龙建平多次参加岗位学习等技能提升培训。他到公路建设工程项目上学习装载机、压路机等机械设备的操作。"10 名独龙族同事中就我一个人出来学习机械，可不能丢脸。"在学习过程中，为尽快掌握知识、提升机械操作驾驶技能，龙建平不断向资深的师傅请教，向进步较快的同学取真经，在充分了解机械构件及有关原理的基础上，趁着别人休息的时间主动磨合机械。通过 3 个月的学习，他的机械操作技术得到了快

速提升，同时也为今后养好公路打下了坚实基础。回到公路管理所，他主动跟同事们分享公路养护技术，在分局的统筹安排下多次参加岗位学习等技能提升培训。从最初的水沟清理、边坡、路肩修整到坑塘修补、稀浆封层，再由推雪保通到水毁抢险，每一项养护工作他都积极参与，亲自实践，从学习实践中积累宝贵经验。在组织的精心培养下，单位现有的机械设备基本都能熟练地操作，日常养护等工作信手拈来，抢险保通冲在一线。他与同事们在养护与抢险中不断地总结和摸索，慢慢总结出一套适合独龙江公路实际情况的养护与抢险经验，并投入实践，为独龙江群众出行提供了更加安全可靠的道路通行环境。

在他的带领下，独龙江公路管理所年年都是先进中的典型。每次发生公路灾毁，龙建平总是那个勇于当挑重任的先锋。"塌方险情就是召唤的命令，哪里有险情就奔赴到哪里。"他一心只想着迅速完成抢险任务，确保公路安全畅通。

山高谷深、气候多变的高黎贡山一年只有两季：雨季和雪季，在这里开展公路养护，雨季清塌方、冬季除积雪成为龙建平和独龙江公路管理所工友们的工作常态。独龙江公路无灾不成年，每年的 10 月至次年的 5 月公路雪灾严重，每年的 5 月至 10 月水毁严重。

2020 年 5 月 25 日，由于连续暴雨导致山体滑坡，贡山县遭受近 10 年来最严重的自然灾害，独龙江公路也遭受了建成以来最严重的水毁，全长 79.138 千米的独龙江公路灾毁点达 209 处，独龙江公路全线阻断，独龙江乡告急。作为独龙江公路管理所所长，龙建平在通信交通中断、与上级失去联系的紧急情况下，积极向独龙江乡党委、政府汇报并组织管理所职工与乡党委政府相关部门一同对独龙江公路（乡政府往隧道口方向）进行抢险作业，经过 9 天 9 夜奋战，独龙江公路打通便道，龙建平他们在冒着随时有生命危险的条件下终于和省公路局组织的怒江、大理、保山公路局抢险保通大队胜利会合，6 月 7 日，成功护送 366 名滞留游客安全离开。龙建平说，通车那天听得最多也最让他开心的话是游客们说："独龙江是个美丽的地方，我们还会再来的。"他和同事们从中感受到了莫大的鼓舞，也更加坚定了他守护好独龙族这条"生命线"的信心和决心。

龙建平与同事相处友好，他深谙"懂团结才是真本事"，抢着各种急难险重的工作干，把与同事共事当作一段难得的缘分，发自内心地珍惜爱护同事，在工作上多与同事商量，在生活中主动关心同事是否吃饱穿暖，鼓励大家为独龙江公路管理所的发展大胆做事，营造了温馨幸福的工作和生活氛围。为了帮助更多的困难同胞摆脱贫困，龙建平在全力养护保通公路的同时，主动思考，

充分发挥行业特点，积极融入独龙江乡脱贫攻坚工作中。为解决独龙江乡务工难的问题，在上级的支持下，龙建平结合单位实际积极向上级汇报，先后选聘150名独龙江公路沿线村小组的"建档立卡贫困户"担任公路护路员，手把手教授他们公路养护技能，带动贫困户通过劳动增加收入。这种"公路养护＋扶贫"的方式取得了良好的社会效果，为独龙江乡"率先脱贫、全面小康"贡献了公路人的智慧和力量。

草果种植是独龙江乡的主要经济产业，每年10月初至11月底是草果成熟的季节，大量采收的草果通过独龙江公路运出大山，但这两个月也是雨季、雪季的交会期，气候复杂多变、灾害频繁。每到这个时候，他和同事们便吃住在路上，排查灾害隐患点，保障道路通畅，确保草果运得出去、农户的腰包鼓得起来。龙建平说，如今的独龙江乡换了个新面貌，全乡人民群众全部住进新房，柏油路通到村村组组，漫山遍野的草果再也不愁销路。畅通便捷的网络让年轻一代的独龙族办起了网店，网购成了生活常态。风光旖旎的独龙江正在成为网红打卡地，一大批独龙族在政府的扶持下开办起了农家乐。就医就学点遍布各村，独龙族人民的日子越过越好。

2021年11月28日，独龙江公路K192+50处塌方，公路中断。正在昆明参加省第十一次党代会的独龙江公路管理所党支部书记、所长龙建平得知信息，马上按照事先制定的公路抢险处置应急预案，组织本所职工上路抢修保通。经过一夜奋战，公路恢复通行。

"29日一定要抢通。11月份是独龙江草果采摘外运的黄金时期，公路一天也不能断，这关系到独龙族群众的收成。"龙建平说。

一路走来，龙建平以高德荣老县长为榜样，用自己朴实的行动，一心一意为独龙族同胞的发展贡献力所能及的力量，把独龙族人民的希望之路守住，把独龙江公路养护好，默默地感染和勉励着身边的人，将最美的青春奉献给了蜿蜒在高黎贡山上的独龙江公路，默默成为独龙江乡经济社会发展、决战脱贫攻坚的铺路石。他坚信在社会各界的帮助下，通过独龙族同胞的努力奋斗，独龙江过去穷苦的日子将一去不复返，独龙江乡一定会提早建成乡村振兴示范乡。"现在，独龙江产业发展了，道路通达条件、群众生活越来越好。作为一名养路工，我很自豪。"龙建平说。他和同事们愿用一生的心血养护好独龙江公路，保障道路畅通，守护边疆的美好未来。

守护绿水青山的最美护林员

"乡里还有 195 名像我这样来自贫困家庭的生态护林员，他们都无怨无悔地坚守在祖国边疆，守护着原始森林和峡谷，荣誉是属于他们的，我只是代表着大家去领奖。"从北京载誉归来的李玉花告诉记者。

李玉花，一个来自云南大山深处的独龙族女孩。近日，她站上了中央电视台"闪亮的名字——最美生态护林员"发布及颁奖仪式舞台。作为全国 20 名荣获"最美生态护林员"称号之一的基层护林员，李玉花代表云南 18.3 万名生态护林员，接受了由中央宣传部、国家林草局、财政部、国家乡村振兴局联合颁发的"最美生态护林员"证书。全国 20 人获此殊荣，云南省仅李玉花 1 人。

李玉花是贡山县独龙江乡迪政当村熊当小组独龙族村民，家中 5 口人，劳动力 1 人。因为贫穷，李玉花只读到小学二年级就辍学了。结婚后，她要照顾年迈的父母和读小学的两个孩子。在实施精准扶贫之前，李玉花家是典型的贫困户，家庭人均收入不足 2000 元，因供养年迈的双亲，还要供养两个孩子读书，加之她常年在独龙江，劳动力文化素质低，缺乏技术，导致一家 5 口生活拮据。

云南全省 88 个贫困县中，深度贫困县占了 27 个，打好"生态保护"和"脱贫攻坚"一个战场上的两场攻坚战，成为云南省林草局的根本工作遵循。2015 年，习近平总书记在中央扶贫工作会议上作出"让有劳动能力的贫困人口就地转成护林员等生态保护人员"重要指示；2016 年，国家林草局会同财政部、国务院扶贫办启动选聘建档立卡贫困人口担任生态护林员工作。

2016 年，李玉花第一次听说"生态护林员"的工作，知道这份工作既不用离开家又有收入，她便报了名，当月便领到 800 元补助。学历不高的她深知赚钱不易，自被聘用为生态护林员后，她积极工作，认真学习林业法律法规，尽职尽责。对她来说，这份工作不仅意味着一份稳定的收入，还能让她守卫祖祖辈辈都离不开的原始森林和峡谷里湍流不息的江水。

生态护林员的工作都在野外，李玉花是这支队伍中为数不多的女性之一。李玉花守护的独龙江乡迪政当村天然林，地处高黎贡山国家级自然保护区，是祖国西南边陲的生态安全屏障，位于"三江并流"世界自然遗产核心区域，98%以上的面积是高山峡谷，耕地面积不足 5%。每次巡山，他们都要翻越崇山峻岭，在原始森林里穿越峭壁、雪山。在没有桥的河上，他们要用麻绳把身子绑在溜索

上，用力一蹬，在波涛汹涌的江面上空滑向对岸。

"李玉花是一名非常优秀的护林员，我第一次和她巡山时就对她刮目相看。"李志忠说，"当天需要爬过一段很陡的山坡，很多男护林员这时都有点儿害怕和犹豫，但是李玉花第一个站出来爬过了山坡，并且还鼓励其他男护林员。"

"大家都觉得李玉花很勇敢，也很佩服她。在很多方面她都不输其他男护林员。"李志忠说。

在日复一日的巡山工作中，李玉花克服了对蛇鼠虫蚁的恐惧，也锻炼了自己的脚力，成为名副其实的"女汉子"。自当上生态护林员后，李玉花每天和队员们巡山护林，寒来暑往守护着绿水青山，家庭情况逐渐有所好转。谈起当时成为护林员的初衷时，李玉花感慨万千。"没有这份工作，可能我们全家还在贫困之中。刚开始是因为政策扶持，每个建档立卡贫困户都安排一名护林员，我家因为父母年龄都比较大，所以只有我适合当护林员。" 李玉花说。

独龙江乡地貌特殊，崇山峻岭、丛林密布，作为当时唯一的一位女护林员，李玉花对从事生态护林工作感触良多。她告诉记者，在巡山时常常会遇到危险，一年下来会遇到十几次毒蛇，磕磕碰碰更是常事。巡山之路异常艰辛，饿了就只能吃点干粮充饥，累了只能席地而坐稍作休整，最远巡山路程需要两三天，最近的也需要一整天。

"刚开始做巡山工作的时候，对于女人来说比较艰苦，因为路况也不怎么好，需要爬比较危险的悬崖。差不多两年以后我也就适应了，现在他们（男护林员）能走多远我也能走多远了。" 李玉花笑着说。

她积极配合护林员组长的一切安排，按时完成巡山任务，认真登记巡山情况，做到巡山记录登记完整、清楚，记载的内容真实可靠；认真学习护林员管理办法及相关业务知识，严格按照管理办法来要求自己，坚持做到不迟到、不旷工，努力提升自身素质，多次在护林员大会中受到表扬。在工作当中，她认真履行自己的职责，跟随护林员组长走访宣传100多次，张贴林业警示语、标牌等300多张。为农户野生动物肇事受灾情况走访、照相、登记80多次，积极参加独龙江"怒江花谷"建设义务植树项目等，努力做好管护区的动植物保护工作，积极配合乡林业站工作。同时，她积极响应脱贫攻坚号召，在全村率先脱贫，为迪政当村整村脱贫起到了很好的示范效果。因为她时常穿着用独龙族特有的独龙毯做的衣服，被其他护林员亲切地称为"彩虹护林员"。2018年底，独龙江乡共选聘195名生态护林员，实现了贫困户全覆盖，带动独龙族整族人口稳定增收，森林

覆盖率增至 93.10%，筑牢了祖国西南生态安全的第一道屏障。

巡山工作虽然辛苦，但李玉花学着苦中作乐，她在巡山过程中，一边走一边注意观察山林里的动植物，通过向身边同事、书本学习等方式，不断学习国家重点保护动植物名录，熟练掌握了管护区内分布的动植物情况。

"我当了这么多年护林员才发现，独龙江乡有很多珍贵的野生药材，还有国家级保护的动物和植物，我感到特别骄傲，也觉得当初选择成为一名护林员是没错的。"李玉花说。

"家人非常支持她的工作，她成为守护独龙江青山绿水的一员，我们为她骄傲。另外，她当护林员每个月也有稳定的收入，也增加了我们全家的经济收入。"李玉花母亲李文仕说。

另外，心细善良的李玉花也非常照顾其他村民。同村的李春兰几年前丈夫因车祸不幸去世，家里的重担全部压在她一人身上。心思细腻的李玉花看到了李春兰的艰辛后，经常去李春兰家帮忙干农活，安抚她尽快走出阴霾，坚强面对生活。在新一轮护林员选聘时，李春兰被选聘为生态护林员，有了固定收入以后，李春兰脸上露出了久违的笑容。"现在收入稳定了，生活也改变了很多。感谢党的好政策，感谢政府的帮扶。"李春兰说。

被聘用为生态护林员之后，经过多次政策宣传及学习，她在思想觉悟上有了很大的提升。从她的身上，激发出的强烈荣誉感和内生动力令人动容，每月稳定的工资收入，不仅让她燃起对生活的希望，更让她树立起巾帼不让须眉的信心和勇气，坚定了劳动致富的信心和决心。除巡山护林外，为积极响应脱贫攻坚号召，在当地农林部门的扶持下，李玉花家带头种植了草果、黄精、重楼、茶叶、葛根等 12 亩；她还利用闲暇时间，积极研究养蜂技术，已成功养出 10 多箱蜂；加上每月 800 元的护林员补助及各项惠民补贴，全家 5 口人均纯收入从 2015 年的 2447 元增加到 2020 年的 11281 元，2018 年在全村率先脱贫。独乐乐不如众乐乐，李玉花脱贫后没有独自享受发展产业带来的红利，而是利用近年所学，发动周边群众学习草果、黄精、葛根、重楼、茶苗、养蜂等种养技术。在产蜜季节，邀请当地群众参与割蜜、过滤、销售等环节，了解发展生态产业带来的实惠，让参与村民实实在在地感受发展产业带来的实惠。正是一个个像李玉花这样的农村脱贫致富领路人，带领着众多贫困户一道，在党和政府的坚强领导下，走生态发展之路共享生态红利，以生态脱贫助推脱贫攻坚大业。

"村里好多老百姓在种黄精和茶叶的过程中遇到不会的问题时会来问我，我会跟

他们讲应该怎么种。我们这个小组里面，现在差不多每家每户都有了自己的产业，我希望大家一起把这些产业做好，大家一起赚钱。"李玉花说。

随着国家生态扶贫力度的加大，独龙江乡全面实施天保工程、退耕还林、以电代柴等项目，山越护越绿，水越流越清，林子下的草果越长越好，群众的生活也越过越好，曾经的砍树人变成种树人，烧荒人变成护林人，在保护绿水青山中收获了金山银山，在好山好水中踏上致富的道路。在怒江，和她一样的护林员还有很多很多。生态护林员政策落地生根并发挥了显著成效，实现了生态得保护、群众得实惠、民族更加团结、贫困群众赢得尊严、边境更加稳定的多重效应，稳定和巩固了脱贫成效。怒江的实践证明，国家的生态护林员政策有效解决了边疆民族区域性整体贫困问题，维系了祖国边疆的安定团结，奠定了乡村振兴战略基础，贯穿了脱贫攻坚和生态建设始终！这是落实"生态补偿脱贫一批"，实现生态保护和脱贫攻坚双赢，解决偏远山区贫困人口脱贫致富最有效的途径，也是党中央、国务院生态扶贫惠民政策在怒江的完美诠释和生动实践！

按照中央和省委、省政府关于"发展生产脱贫一批、生态补偿脱贫一批"的要求，云南省林草局努力实现"绿水青山就是金山银山"和"生态美、百姓富"目标，把生态护林员项目作为生态保护扶贫的重要举措。截至2020年，全省实际聘用生态护林员18.3万人，位居全国第一，人均管护收入9000元，带动超78万贫困人口稳步增收。着力培育生态富民产业，截至2019年底，全省木本油料种植面积达5150万亩，主产区农户来自木本油料产业的人均年收入超过1500元。

"脱贫只是第一步，更好的日子还在后头"，正如习近平总书记给独龙族群众回信中的殷切期盼那样，谈及未来李玉花信心满满。对李玉花来说，生态护林员工作不仅意味着一份稳定的收入，而是树立起战胜困难、摆脱贫困的决心和斗志，在发展好林下产业，带动大家致富的同时，继续守护好祖祖辈辈都离不开的原始森林和怒江峡谷里湍流不息的江水。让生活在这片热土上的群众，共享"绿水青山就是金山银山"的生态红利。

4年来，李玉花和全县的生态护林员巡护次数达9.2万余人次，每人每年不低于24次。在护林员的宣传下，有的群众主动上交了枪支；有些挖药材的村民被护林员劝离；护林员巡山时还收回了大量铁夹、鸟网；破坏森林资源、非法侵占林地的林政案件查处率由65%增至80%；森林病虫害发生率由0.4%下降至0.3%，防治率从84%增至90%。

"通过创新生态补偿机制，把怒江的绿水青山转化为金山银山，是怒江生态脱贫之路。"怒江州林业和草原局党组书记、局长吕超说。

2016年，怒江启动实施生态护林员政策。据怒江州林业和草原局提供的数据，截至2020年，怒江州共聘用生态护林员31045人。

"现在的护林员数量与2016年生态护林员政策实施前的数量相比，增加了10多倍。"吕超说。生态护林员每年每户增加收入1万元，人均增加收入3000元左右，加上贫困户领取低保金、粮食直补、森林生态效益补偿、退耕还林、边民补贴等各类补贴及农耕种植，收入约4000元左右，户均累计年收入超过1.4万元，实现了"一人护林，全家脱贫"。

同时，生态护林员的增加，加大了全州森林资源管护力度，人均管护面积从原来的10410亩减少至现在的600亩，森林火灾及乱砍滥伐、乱捕滥猎等破坏森林资源的案件大幅减少。目前怒江州林分平均蓄积量居云南省第一，森林覆盖率居云南省第二，2018年实现全州全年无森林火灾。

"被选聘的生态护林员都来自贫困户，这些曾经的砍树人变成了种树人，烧荒人变成了护林人，在保护绿水青山中走上了致富的道路。"吕超说，这支队伍不仅在护林植树中脱贫致富、学技增收，还为怒江州的生态建设发挥了重要作用。①

展望未来，李玉花说："脱贫只是第一步，更好的日子还在后头。对我个人来说，生态护林员工作不仅意味着一份稳定的收入，更让我树立起战胜困难、摆脱贫困的决心和斗志。在发展好林下产业，带动大家致富的同时，我会继续守护好祖祖辈辈都离不开的原始森林和怒江峡谷里湍流不息的江水，让生活在这片热土上的群众，共享绿色发展带来的生态红利。"

在高黎贡山的崇山峻岭中，千千万万个"李玉花"日日夜夜跋涉在山水之间，他们每一个人都是一条流动的"彩虹"，共同架起生态保护这座大桥。他们虽不善言辞，却闪着彩虹般耀眼的光，用青春和热血，默默守护着祖国近百千米的边境生态安全，他们是值得全国人民敬佩和学习的人。

183

① 张文凌：《中国青年报》。

守护边境线的独龙界务员

一大早，迪志新和其他 6 名界务员相约来到村子中央的球场集合，大家身上都背着一个背包，里面装有干粮、水、药品等必备物品。出发前，队长江仕明交代队员，仔细检查装备，做好个人防护。

迎着朝阳，大家沿着崎岖的小路列队前进，一边用砍刀清理道路中间的杂草，一边观察周边的情况，大约用了半小时，巡护队来到了 41 号界碑，界碑耸立在一片开阔的密林里，周围清理得十分干净，石碑上"中国""41"等字样鲜艳夺目。大家仔细检查了界碑的情况后，继续踏上了去往 42 号界碑的路程。

迪志新，独龙族，今年 42 岁，家中有 5 口人。迪志新从小在马库村长大，据他介绍，他的父亲曾参与修缮过境内国境线上的各个界碑，熟知巡护界碑的线路，是最早一代主动担负起巡边守界的人，当时还没有界务员这个职业，他的父亲被称为换防巡护界碑向导。从小耳濡目染父辈对祖国和家乡热爱的迪志新，14 岁就跟随家乡老一辈的界务员爬坡过坎、进原始森林、上雪山巡护祖国的边界。

1999 年 10 月，熟知家乡的一草一木和界碑巡护线路的迪志新第一次以地方向导和背夫的身份，跟随驻地官兵历时 16 天，完成了 39 号、40 号、41 号、42 号界碑的巡护任务。当看到界碑上"中国"两个字被鲜艳的红漆描红时，那种守护祖国边界的自豪感油然而生，他说，如果没有中国共产党的领导，我们独龙族就没有今天的幸福生活，再苦再累都值得。自此，一份神圣的职责和使命深深地扎根在了他的心中。

2014 年，迪志新如愿正式成为马库村界务员，承担着 40 号、41 号、42 号界碑的巡护任务。几十年来，迪志新和其他界务员从未间断对界碑的巡护，用双脚丈量着边境上的每一寸土地，对边境上每一条河流、每一棵树了然于胸。

在这支队伍中，领队是江仕明，他曾是马库村党总支书记，他告诉记者，从他记事起，迪志新的父亲就经常上山巡护界碑，大家都知道他们是为了维护界碑的安全，保护国家领土完整。

"我在没有当村干部、没有当界务员的时候，就去过 40 号、41 号和 42 号界碑将近有五六十次了，这个（维护界碑安全）是老前辈的嘱托，我们也在老前辈的嘱托下，努力去践行。我们生活在边境上，独龙族是祖国大家庭中的一员，

更要主动承担起巡护边境的责任。现在，我们村不管男的还是女的，有百分之七十以上都到过界碑。"

这天，迪志新的儿子马小林也跟随队伍一起去巡护，其实马小林现在还不是村里真正的界务员，但他早已跟随父亲前往界碑多次，他对去往界碑的路早已了如指掌。马小林说，小时候就经常听爷爷讲述当时成为界碑向导的故事，爷爷时常对他说，没有界务人员的守护就没有今天国家的安宁。当时他就把爷爷说过的话放在心上，心想自己长大了也一定要像爷爷和爸爸一样成为一个伟大的界务员。

"在我 17 岁的时候我父亲第一次带我去界碑，一路上虽然很累，但当我到达界碑的时候，我觉得一切都是值得的。当时我就有一个信念，我一定会把这件事做好。"

巡边路上，几乎没有生火做饭的时间和条件，饿了，大家就拿出干粮就着白水解决；累了，就在路上席地休息一会儿。临近傍晚，天下起了小雨，大家就用自带的塑料膜自制简易帐篷，生火取暖，喝些热水，吃点简易干粮。迪志新告诉我们，在所有界碑中，42 号界碑是路途最遥远的，路上山高坡陡、丛林密布，往返一趟至少都要三四天，无论是巡护还是管理危险性都非常大。尽管这样，现在的马库村村民"家家都是哨所，人人都是哨兵"，他希望等他走不动的那天，儿子能接替他的工作。

经过长途跋涉，迪志新和其他界务员顺利到达了界碑，他们用准备好的工具将杂草清除干净，并认真确认界碑是否完整无损、字迹是否清晰、界碑是否有移动，然后拿出鲜艳的五星红旗在界碑前唱响国歌。那时那刻，巍巍青山间那一抹中国红格外显眼，国歌声格外嘹亮。

迪志新和他的同伴们，用一代又一代人的坚守，践行着"建设好家乡、守护好边疆"的殷殷嘱托，为祖国边境的安全奉献着自己的力量。身处和平年代，沐浴着幸福的生活，我们应该感谢每一位为边境安宁默默付出的平凡人，为这些戍边卫国的守边人致敬！

185

脱贫致富带头人

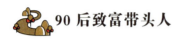 **90 后致富带头人**

家住独龙江乡孔当村孔美小组的木文军 2017 年从云南现代职业技术学院水利水电专业毕业后，就回到了独龙江开始建设家乡。

问起木文军儿时的生活，他说他们家一共有 6 口人，父亲、母亲、哥哥、姐姐、妹妹。以前大部分独龙族的家都在半山腰，都是木楞房、茅草屋，屋子非常简陋，整个家里几乎只有锅碗瓢盆，没有其他任何家具、电器，每家的鸡养在房子底下，猪养在家附近的圈里。那时取水也非常艰难，油盐都很稀缺，衣服一年四季也只有一套可以穿，一家人经常处于吃不饱、穿不暖的状态。

"我一年级到四年级都是在村里小学上的，当时县里的小学是专门开了个帮扶少数民族学生的班级，到五年级的时候我们学习还不错就被挑去县城里的那个小学上课。"夸起自己来木文军不好意思地笑了笑，"当时在县城上学一年只能回家一次，常年都住在学校里。之后我读了中学和大学也多半是在外面住，都很少回家。"

说起在嵩明读大学的时光，木文军说："虽然当时家里面很穷，生活很苦，但是我的父母亲都非常支持我的学习，他们再苦再累也想尽办法凑够钱帮我交学费，也是因为有那么好的父母我才能接受高等教育，成为一个有文化的人。"

自从政府盖起了新房后，家家户户都搬进了易地搬迁点。如今他们的屋子里都应有尽有，家电齐全，人们真正过上了吃穿不愁的日子。谈起近几年的变化，木文军感慨万千，无不赞叹这几十年来在党的正确领导下独龙江乡翻天覆地的变化。

还在读大学的时候，木文军说他在大一寒假的时候听说学校里有个机会去江苏一个工厂里务工，手头拮据的他决定去外地闯一闯。于是便来到了这个做手机零部件的工厂里打了三个月工，他说："这段经历对我来说很特别，开阔了我的眼界。"

问及毕业选择回到家乡发展的情况时，木文军说："三年的大学生活不仅

让我学到了专业知识，更重要的是开阔了我的眼界，让我接触到了不同的事物，这使我认识到我们独龙江老百姓的发展观念、市场观念还比较滞后，所以就想回来做一些事情，带领独龙江百姓过上更好的日子。"

回到独龙江 3 个月后，木文军应聘到独龙江社保局公益性岗位，开始在基层为老百姓办理一些社会保障方面的事情。在和老百姓接触的过程中，木文军逐步坚定了自己想在更大的平台上为家乡、为村民做事的决心。他说："我从小就受到党和国家的关怀。从小学到高中，家里基本没有出过钱，都是国家免费提供教育。考取大学后，扶贫办、教育局每年都有资助，还给我办了 8 年的无息助学贷款。所以我要加入中国共产党，跟着党走，更多地为老百姓做事。"

2019 年 6 月，通过村民选举，年轻的木文军当选了孔当村委会副主任。木文军说："我刚刚担任村干部的时候，因为年轻，经验不足，有的老百姓不信任我，我就用实际行动，真心为老百姓做事情。我们每个人都挂联了小组，小组里统一好思想去给负责的家庭监督环境卫生，实行人畜分离等措施，并且还认真地把党的政策、政府扶持的项目宣传给他们。"他接着说："村委会的工作很繁重，不仅要面对老百姓解决他们的实际问题，还要面对上级不同部门，基本没有休息时间，也没有太多的时间发展自己的家庭经济，但我还是要坚持为大家服务。尽管有的时候百姓会有不配合、不高兴的情况，但是作为干部的我们只有耐心开导和劝说，争取不让任何一个村民掉队。"

得益于得天独厚的地理优势，独龙江优质的自然资源所蕴藏的巨大潜力被逐渐挖掘出来，靠山吃山，草果种植成为促进当地经济发展的特色产业，成了独龙族群众的"致富果"。木文军所在的孔当村，家家户户种起了草果，到处都是郁郁葱葱的草果地，全村草果种植面积达到 20000 多亩。他说，一开始种草果的时候种得不多，长得也不是太好，后面随着经验的增长开始越长越好，产量越来越高。在每年 10 月草果丰收的季节，当地村民男女老少齐上阵摘果子，红红的果子就像独龙人民的日子一样，越来越红火。

187

木文军家种了 30 多亩草果。"草果树正常是 3 年后开始挂果，树小的时候要经常除草，管理得好一点它长得就快。30 多亩全部挂果的时候，预计会有 10 多万块钱的收入。"看着草果一天天长大结果，木文军心里美滋滋的。

木文军说，草果属于林下经济，不用像种玉米一样砍树开荒，当地的生态环境得到了很好的保护。"除了草果，村里还有计划地引导群众种植葛根；对有条件的群众进行培训，鼓励他们对一些特色农产品进行初加工；组织劳务输出；

等等。"木文军说，现在致富的途径越来越多，也希望老百姓的生活能越来越好，独龙族能跟上国家的发展脚步，越来越富裕。①

因为自己的人生经历，木文军一直觉得教育非常重要，他说："党的政策好，我从小学读到高中都是政策支持，家里没有花钱。考入大学后也得到县教育局的助学金和助学贷款。如果我没有出去读书，就不会有今天的发展，所以我很希望我们独龙族都重视孩子的教育，尽量供他们读书，这样才会有一个好的发展前途。"

木文军家还是孔当村的独龙牛养殖大户。自从 2015 年政府扶贫项目发放了 1 头独龙牛，到现在已经发展到十几头。村干部的工作非常忙，经常加班准备各种材料，晚上还要到老百姓家处理一些突发的事情，所以村干部很多时候都不能顾及家里的农业生产。但是木文军非常努力，一有时间不是去管理草果地，就是去深山里管护独龙牛。"独龙牛不能圈养，只能在山上散养，要经常去喂盐，牛才不会跑散。我基本上是一个月去山上看一次，有时候要去两次。"木文军说，"村干部不仅要为群众做事，还要做群众发展致富带头人，自己做好了，才能带领老百姓自力更生，劳动致富。"

 ## 带领群众致富的村干部

"第一次来到天安门，第一次走进人民大会堂，还见到了习近平总书记等国家领导人，我真的太激动了，那种心情无法用语言描述！"刚刚获得全国脱贫攻坚先进个人的王世荣这样跟我们说道。

王世荣出生于 1976 年，是一个土生土长的独龙族人，居住在怒江傈僳族自治州贡山独龙族怒族自治县独龙江乡巴坡村，担任巴坡村党总支书记。

谈起童年经历，王世荣回忆道："当时我们条件不好，不像现在的小孩六七岁就读书了，我那时候八九岁才开始读一年级，那时的孩子到了四年级都还不会讲汉话，都是后来才学会的。"他接着说："我们那时候从一年级到四年级都是在乡里的小学读书，但是到了五年级就要转去县城上学。因为交通非常不便，得走三天两夜才能去到学校，几乎是一年才回家一次。还有我们当时到了十五岁

---

① 李明.中国网七彩云南频道。

才开始有鞋穿，衣服也都是破破烂烂的，家也都是在半山腰的茅草房，那茅草房还会漏雨，到了冬天非常冷。"

讲起童年时光，王世荣侃侃而谈，仿佛这30多年前的陈年往事突然浮现在了眼前。

王世荣是家里的老大，所以必须承担起养家的责任。初中毕业后，王世荣就没再读书了，他不得不回到家乡开始工作。1995年8月至1999年4月，王世荣在家务农。1999年，省文明组工作队来到巴坡村考察，王世荣当上了巴坡村统计干事。由于他的认真负责与吃苦耐劳深得民心，这二十几年来他不停升职，从村委会副主任迁升到了村党总支书记。

王世荣说，正式通车前的那些年上班也非常艰难，因为各个小组之间的距离较远，他们不得不每天走很远的路去上班。他们的主要工作就是帮助村民解决疑难杂事，化解村民间的矛盾，等等。

20余年来，他一直坚持对独龙族群众宣传扶贫政策带动产业，在推动精神文明建设、人口素质提升，建设美丽庭院促进生态旅游发展等方面作出了突出贡献。

如今，草果种植是巴坡村乃至独龙江乡的支柱型产业。但在10多年前，独龙族群众没有见过草果，也不知道草果的经济价值，因此大多数村民对草果种植抱着怀疑的态度。作为村干部的王世荣看在眼里，急在心里，除了自己带起头种植草果外，2008年王世荣带领全村40多位干部群众来到高德荣老县长探索出来的草果基地学习种植技术，同时，组织村组干部和积极性较高的农户去外地学习考察，回来后通过其现身说法增强村民种植草果的信心和决心，以点带面、一户到几户、一个村民小组到几个小组逐步推广草果种植。

他说，一开始村民们根本不把这事放在心上，都不相信种植草果能给家里经济带来什么变化。许多村民也不愿意种政府派人拉到村里的草果苗，更有甚者直接把草果苗随意扔到路边。面对这一局面，村干部自然不能坐视不管，毕竟带领大家脱贫致富是每一个干部的责任与心愿。经过王世荣等干部的以身作则及苦口婆心的劝说和监督，看到种植草果的农户开始有了收入，这才逐渐被越来越多的村民接受。

189

2017年底，巴坡村所有建档立卡贫困户稳定脱贫，全村脱贫出列。2020年，全村共种植草果23200亩，产量452吨，收入418万元；种植羊肚菌37.5亩，产量2916.72斤，收入114626.5元；种植重楼318亩、葛根52.53亩；养殖中华

蜜蜂2000箱，年出蜂蜜1吨；猪存栏570头，独龙牛存栏460头；2020年，建档立卡户人均纯收入12692元，基本实现每户农户有1～2个脱贫增收产业的目标。

2018年，独龙族实现整族脱贫，习近平总书记回信鼓励独龙江乡干部群众："脱贫只是第一步，更好的日子还在后头。"王世荣牢记嘱托，抓党建促文明素质提升，以"一周三活动"为主要抓手，持续开展感恩共产党、感谢总书记系列文明、感恩活动，群众脱贫致富的信心持续增强。通过思想引领，激发动力，周一"天蓝地绿水清人美"环境卫生日。政策传万家，摒弃"等靠要"，周三"感恩共产党感谢总书记"讲习活动日。倡导文明，"精神"也要富，周五"走出火塘到广场"文体活动日。

"一周三活动"犹如一根时间轴线，有力贯穿群众每周生产生活，使群众的内生动力增强、精神面貌焕新，展现出新时代新农村新农民的新气象。

2019年10月，王世荣感于身边的巨大变化、感于帮扶干部的真情付出，萌生了"管理到户，教育到人"的想法。从巴坡村示范点开始，全乡范围推动落实村干部、驻村工作队包户责任制度。一是包人居环境（疫情防控），二是包政策宣讲，三是包产业发展，四是包外出务工，五是包家风建设，六是包志智双扶，七是包意识形态，八是包法治宣传，九是包乡村旅游，十是包诉求解决。

王世荣所在小组就负责了12户人家，通过党员致富带头人、村组干部和驻村工作队带头宣传人居环境、产业发展知识和各项党的政策，他们会根据每一户居民的需要来讲解相关的政策，如孩子在读书的就给他们讲解读书升学新政策，对农事感兴趣的就着重介绍最新的惠农政策……这大大增强了群众脱贫致富的信心，使群众"听党话、感党恩、跟党走"的决心更加坚定。

190

2020年2月18日，在新冠肺炎疫情暴发之际，王世荣等村干部以及驻守部队又肩负起了疫情防控这项重任，他们不分白天黑夜轮流在各个执勤点对外来车辆及人员进行登记，并且还要轮流到村里排查有无外来人员。

2020年5月，独龙江乡发生了严重的"5·25"自然灾情，据王世荣回忆，当时暴雨下了几天几夜，造成各个险坡均发生了泥石流。"那泥石流到处都是啊，真的非常危险！"在通信道路完全中断的情况下，他带领村干部在暴雨中挨家挨户敲门动员群众到村委会紧急避险，安全转移并安置了45位巴坡小学师生及200余名群众，保护了人民群众的生命财产安全。他回忆，当时把村民都安置到了附近的职工住房活动室、村委会办公室、农业银行楼上的老房子等，学生和女

老师们吓得不轻，怕的怕，哭的哭，他们只能尽自己所能安抚大众情绪。由于断路断网断电，生活物资缺乏，吃的只能靠把各家的米面油粮和小卖部的方便面全部集中到安置点一起吃大锅饭，盖的只能拿之前部队里留下来的旧大衣做铺盖。王世荣等干部还得不分昼夜轮流值守，确保每一个村民都安安全全地待在安置点，这样的生活一直持续了一个多星期……

2020 年 7 月 1 日，中共独龙江乡委员会授予王世荣"优秀共产党员"称号，以表扬他多年来兢兢业业的劳动与付出。同年，王世荣开始着手申请全国脱贫攻坚先进个人奖项，经过层层审批，王世荣最终得以来到北京人民大会堂，见到了习近平总书记，受到了这项至高无上的荣誉表彰。

谈起未来想法，王世荣说他依然要以老百姓为中心，时时刻刻不忘初心，牢记使命，用一辈子去服务独龙群众，建设独龙江乡。

独龙航海追梦人

俊朗的面庞，沉着的微笑，一口流利的普通话，言谈举止间展露出一份自信和坚定，让人很难相信这是一个在偏僻边远的独龙江河谷里长大的独龙族青年。

他叫金学锋，年仅 23 岁，是云南省怒江傈僳族自治州贡山独龙族怒族自治县独龙江乡献九当村迪兰小组村民，现在的身份是浙江省宁波市象山县一艘渔船上的持证船员。

怀揣梦想走出大山，几经辗转走向大海。金学锋在自己的追梦路上，谱写了别样的人生。

献九当村是个仅有 7 个小组、217 户农户、767 人的独龙族聚居村，也是一个曾长期被穷困阴霾笼罩着的贫困村。2017 年底，在中央、省、州各级各部门的关怀扶持下，献九当村通过发展草果、养蜂产业、就业帮扶等举措彻底甩掉了贫困帽，脱贫出列。

金学锋一家 6 口人，种着 30 多亩草果地，开着小卖部，家里条件相对较好。路好了，曾在州府六库读书并到外省短期务工过的金学锋决定到外面的世界去看一看，体验一下新的人生。

2019 年 3 月，金学锋和一个同乡邀约到外省打工，他利用自己熟悉网络的特长，把目标首先选定了企业较为集中的江苏省苏州市。到苏州后，经过应聘，

191

他们进入了一家知名品牌电脑生产企业务工，但进厂1个月左右时间，这名老乡就因适应不了生活和工作环境而辞职返乡并约他一起回去。金学锋却不为所动。

"出一趟门，就不能空着手回去，总得学点儿东西。"为了寻找更好的发展空间，他跳槽到了苏州下辖的昆山市一家电子企业，一边务工一边寻找新的机会。

2019年下半年，金学锋来到浙江省宁波市象山县，根据当地渔业发达的实际，他参加培训获得了渔业船员证，并成功被一艘渔船招聘录用。

2019年11月底的一天，年轻的金学锋第一次乘船出海参加捕鱼。眼前，不再是连绵不绝的大山，取而代之的是无边无际水天一色的大海，这让金学锋激动不已。为了防止晕船，金学锋还特意买了些药，但意外的是，他居然不晕船。这让他对未来的工作充满信心，坚定了把工作做下去的决心。

船员的生活不但没有人们想象中的浪漫，反而充满了辛苦和劳累。金学锋所在的这艘渔船主业是到深海里进行海钓捕鱼，他的工作是放线、整理收拾渔具。工作繁忙时，每天只能抽空睡三四个小时，吃饭也只能忙里偷闲地简单吃点，但金学锋秉持了独龙族吃苦耐劳的特性，努力学习业务，积极主动工作，受到同事们的一致好评。

"云南来的这个小伙子不错，既肯学，又能吃苦。"同事们这样评价金学锋。一分付出一分回报。船员的生活充满艰辛劳累，但收入也十分可观，一般以天计薪，最高时每天可达400元，少时也能有200元左右。从2019年11月到2020年1月，金学锋的月均收入达到8000元左右。

虽然出去打工才只有8个月左右的时间，换了3个工作岗位，却让年轻的金学锋眼界大开，长了不少见识，也学到了不少东西。

"沿海发达地区的人们，在发展理念、解决困难和问题的途径方面，确实有很多经验值得我们学习。"他深有体会地说。

2020年初，金学锋回到家乡与家人团聚，并利用春节后的时间帮助家里整理好草果地，准备做好家里的工作后再次返回象山。

"我想再出去打工1年，开阔眼界学好本领，回来后经营好家里的草果地，再买一辆皮卡车做生意，争取过上更好的日子。"金学锋微笑着说。

深山走出脱贫路

云南人口较少民族脱贫发展之路

乡村振兴谱新篇

2019 年 5 月 8 日，中共怒江州印发了《独龙江乡"巩固脱贫成效、实施乡村振兴"行动方案》，吹响了独龙江乡乡村振兴的集结号。6 月 11 日，州委、州政府召开独龙江乡"巩固脱贫攻坚成效 实施乡村振兴战略"现场推进会。会议强调，要深入学习贯彻习近平总书记给独龙江乡群众回信重要精神，在创建全国民族团结进步示范乡镇的基础上，把独龙江乡建设成为怒江州实施乡村振兴战略的先行区、全国文明村镇、全国"绿水青山就是金山银山"实践创新基地，让独龙族群众过上更加美好幸福的生活。

 脱贫攻坚成果要巩固

严格落实"四个不摘"，坚决扛牢政治责任

继续把巩固拓展脱贫攻坚成果放在首要位置，作为第一政治责任。做到落实好五级书记抓巩固拓展脱贫攻坚成果同乡村振兴有效衔接工作机制；组建好乡村振兴队伍建设；衔接好东西部协作帮扶；保持好苦干实干脱贫攻坚精神不变。定期对已脱贫 610 户 2285 人不漏一户一人排查，聚焦"三类人员"90 户 226 人"两不愁三保障"及饮水安全，实行"一户一策"解决，确保边缘户、监测户收入全部超过 6000 元，做到"遇困即扶"，动态清零，坚决守住并巩固拓展脱贫攻坚成果，不发生规模性返贫致贫。组建"干部规划家乡行动"队伍，1 家省级单位和 19 家州、县级单位挂联 6 个脱贫村，321 名干部职工结对帮扶农户 903 户，全覆盖派驻 6 支驻村工作队 24 名工作队员，创新增派 7 名"强边固防和高黎贡山生物生态安全风险防范与保护工作队队员"。实现与上海浦东新区互访对接常态化，接访上海市"携手兴乡村"结对帮扶考察调研团，先后安排 5 个批次前往上海参观学习，累计争取帮扶资金 830 万元。

健全动态监测帮扶机制，全面巩固脱贫攻坚成效

紧盯脱贫攻坚成果巩固要求指标 5 大方面 20 条要求，严格落实"四个不摘"要求，扎实推进"一平台三机制"。推广使用"一平台"，实现动态帮扶全覆盖，全乡安装云南省政府救助平台 1532 人，申请困难问题 36 件，办结 36 件，办结率 100%。开展常态化定期动态监测。

推动落实"四个全覆盖"。加快林下立体生态种养殖产业发展，在林下种植草果 7 万亩，人均 16 亩，户均收入达 2 万元，草果成了独龙族乡亲们的"金果果"。累计种植羊肚菌 963 亩、黄精 1108.5 亩、重楼 738.6 亩、灵芝 72 亩，养殖独龙蜂 11250 箱、独龙鸡 7200 羽、独龙牛 1153 头。聘用乡村各类公益岗位 907 人，全乡转移外出务工 1314 人，累计发放扶贫小额贷款 91 户 378 万元，重点支持脱贫户及"三类人员"从事种植、养殖、加工、运输、农家乐、乡村旅游、电商等生产经营活动。有序开展防返贫致贫保险理赔工作，共救助理赔农户 10 户，救助理赔金额 33.275 万元。

务实推行"四个机制"，牢牢守住底线、控住边线

建立包保机制，确保不漏一户、不落一人

按照州县包保工作机制部署安排，采取党政主要领导包片、班子成员包村、党员干部挂户、挂联单位挂村挂组、疫情防控十户联防网格化等方式，实现所有脱贫户、"三类人员"都有干部具体包保。

建立监测机制，确保底数清楚、不留死角

全覆盖监测所有农村人口，同时积极引导有困难的群众利用"政府救助平台"自主申报。同时，迅速启动"5·25"灾后 18 户修缮加固，2 户选址重建，无因灾致贫返贫人员。开展现行脱贫标准回头看，投入 462 万元开展安居房改造提升，建立防止返贫监测快速发现反应机制，确保边缘户、监测户收入全部超过 6000 元。

开展日常暗访，确保工作扎实、情况真实

严格落实《怒江州常态化开展巩固拓展脱贫攻坚成果暗访机制》，主要领导、大队长采取"事前不打招呼、事中不要陪同"方式开展暗访。重点督查"三类人员"

的"两不愁三保障"和饮水安全是否持续保障，是否有返贫致贫风险。

全员参与调度，确保传导压力、督促落实

遵照《怒江州巩固拓展脱贫攻坚成果防范返贫致贫风险月调度机制》，每月底乡村干部全员参与州、县视频调度，并就工作安排及时排查核实、分析研判存在的问题，制定解决措施。同步结合乡党委、政府"每天党史学习教育一小时""每周一例会""每月一评比"，党委、政府主要领导和驻村大队长采取随机提问的方式，全面掌握工作动态，促使问题动态清零。

聚焦"百千万工程"，全力推进乡村振兴行动

着力抓好乡村振兴示范点建设

启动马库村边境示范小康村建设，打造生活富裕、生态优美、人与自然和谐共生的美丽村庄。同时坚持走旅游主导、农旅结合的产业路子，创建国家高A级旅游景区，突出独龙族神秘性和原真性，打造"克劳洛、南代原始部落"。建成了1家四星级酒店、25家旅游客栈。独龙族群众保护生态环境的自觉性不断提高，生态旅游后劲十足，必将带动独龙江乡乡村率先振兴。

大力推进美丽乡村建设行动

坚持富口袋更要富脑袋，针对独龙族群众长期封闭落后的问题，乡党委、政府从小切口入手，从洗衣、叠被等小事做起，引导独龙族群众逐步改变习惯、提升素质、培育新风。落实爱国卫生"7个专项行动"，以"大片区、小网格"为抓手。

乡村振兴示范乡镇建设稳步推进

州委、州政府高度重视独龙江后续发展，从州级层面出台《贡山县独龙江乡乡村振兴示范乡镇建设规划（2021—2025年）》，计划实施项目153个，除独龙江公路改造项目外，总投资18.64亿元。紧紧围绕旅游业、特色种养业两大产业，着力打造集体经济先行示范村、现代化边境小康村。目前，22户克劳洛部落、6户南代部落传统民居保护和旅游特色村项目建设有序推进，草果、独龙鸡、独龙鱼等产业建设取得初步成效，农村人居环境提升示范作用逐步显现。目前，州委正商定将继续下派独龙江工作组，聚力推动独龙江乡实现率先振兴。

认真抓好资金项目扶贫资产管理

全乡已清查登记扶贫项目资产累计38个,形成扶贫项目资产5219.8625万元,涉及产业发展类9个,道路设施类1个,活动场所类11个,人居环境提升类7个,水利设施类3个,住房保障类4个,电力设施类1个,其他类2个。

做强做优基层治理引领成效

始终把理论学习作为"第一议题",扎实开展"不忘初心、牢记使命"主题教育和党史学习教育,组织400多名党员开展"我为群众办实事"活动40余件,持续开展"万名党员进党校"培训,把习近平新时代中国特色社会主义思想传到村村寨寨、家家户户。实施"领头雁"培养工程,6个村全部实现书记主任"一肩挑",实现年龄、学历"一降一升"。面对独龙江乡发展滞后、需要奋起直追的实际情况,推行乡党委班子成员挂村包组制度,高质量抓好组织振兴这个"第一工程",把每个党支部都建设成坚强战斗堡垒,把党员培养成致富能手,把更多优秀独龙族青年不断发展成党员。

进一步落实金融扶贫政策,积极开展金融帮扶政策宣传,针对内生动力足,申请小额信贷用于产业、农家乐等自身发展项目,累计发放扶贫小额贷款91户378万元,重点支持脱贫户及"三类人员"从事种植、养殖、加工、运输、农家乐、乡村旅游、电商等生产经营活动。有序开展防返贫致贫保险理赔工作,共救助理赔农户10户,救助理赔金额33.275万元。

庭院打造要美丽

2019年,经独龙江乡党委、政府研究,决定将"人居环境再提升、打造最美庭院"作为全乡实施乡村振兴战略的第一项行动,乡政府制定了《独龙江乡最美庭院打造实施方案》,并成立独龙江乡最美庭院打造领导小组,开始在6个村进行"人居环境再提升、打造最美庭院"的活动。把改善农村人居环境作为推动独龙江乡生态旅游发展的重要途径,巩固脱贫攻坚成果,对接乡村振兴,实现更大、更长远、更持续的发展。

最美庭院打造措施

在"人居环境再提升，打造最美庭院"的活动中，独龙江乡党委、政府采取"七最"的工作措施：下最大的决心，从最弱的村推动，派最强的人落实，找最好的户示范，调最多的人参与，用最少的钱美化，做最耐用的工程。坚持做到"五边五美五化"，即路边、江边、山边、村边、里边；房美、村美、人美、景美、家美；净化、绿化、美化、亮化、文化。努力绘制独龙江乡村振兴的"最美底色"。

下最大的决心

乡党委、政府把农村人居环境整治提升作为一项牵一发而动全身的重大民生工程，是实施乡村振兴战略的一项重要任务。因此，乡党委下了最大的决心，举全乡之力，聚全民之智，改善农村人居环境，做好这一农民群众深切期盼的工作，助推旅游发展，稳定村民经济收入。

从最弱的村推动

在独龙江 6 个村委会中靠北边的迪政当、龙元村，综合发展水平相对滞后，群众自我发展的内生动力不足，虽然在脱贫攻坚中也曾经过人居环境整治，取得一定的效果，但得不到长期的保持，人居环境"脏、乱、差"的现象还是很突出。因此，乡党委、政府决定首先集中力量，把迪政当、龙元村的人居环境搞好，对其他村子也会起到带头作用。把最薄弱的村都搞好了，就不愁其他的村搞不好。

秘境深源迪政当村（图片来源：独龙江乡政府网站公开图片）

派最强的人落实

在独龙江整个脱贫攻坚阶段，人居环境整治提升年年喊、年年做，就是不见"常干净"。通过深入调研发现，长期以来存在"治标不治本"的问题，究其原因主要是没有形成长效的治理、管理机制，村里没有能力强的人负责持续推进，村民的积极主动性没有调动起来。乡党委针对这些问题，决定每村由两名乡党政班子成员（一名党委委员任组长、一名乡镇副职任副组长）"承包"入村蹲点，与驻村工作队、村组干部形成强有力的工作组，带领村民一起干。

找最好的户示范

群众相信看得见摸得着的东西。工作组千方百计动员村组干部、村民党员先行先试。充分发挥党员示范带头作用，特别是带头清理私搭乱建，带头拆迁鸡圈、猪舍等。在最美庭院打造工作中，龙元村党总支书记吕正华、迪政当村监督委主任陈永华带头硬化了庭院，开辟了菜地，修建了花园，成为两个村庭院美化的示范样板户，村民们纷纷效仿，在村里形成示范效应。并根据村寨地形地貌、各家庭院样式，因地制宜，打造长短不一、造型各异的美丽庭院，做到就地取材、节俭适度。

用最少的钱美化

用于庭院美化的资金来自上海帮扶资金，总共 198 万元，平均分配到了 6 个村委会。怎样花最少的钱办成最多、最好的事情，是摆在工作组及群众面前的一个挑战。通过深入调研，广泛听取村民意见，工作组决定采取以下几个措施，一是鼓励有能力的群众投工投劳、互帮互助，自备鹅卵石、沙子、枯木花盆等，政府免费提供水泥、空心砖及和少量误工生活补贴。例如，龙远村工作组根据工程量大小，给每户村民发放 1500 元至 2000 元的误工生活补贴。二是村庄公共部分的人居环境整治的小型工程项目，鼓励村集体经济组织及有能力的建设工匠用以工代赈的方式承接。三是针对家里没有劳力或户在人不在（外出务工）的情况，工作组组织村里党员、民兵等突击队义务帮忙完成。

调最多的人参与

人居环境整治最难的是发动群众，但最终需要靠群众自己来实现长效治理。一是做好宣传发动工作，激发群众内生动力，避免以往政府工程的大包大揽。每一个工作组进村后，向群众详细讲解人居环境整治政策，讲解改善人居环境对独

龙江乡整体旅游产业发展、对独龙族群众经济收入的好处。二是带领村组干部和群众代表到先进村考察学习。例如，迪政当和龙元村先后到巴坡和马库村参观学习。三是与村民一起商量整治措施和后续管理办法。迪政当村民提出就地取江边鹅卵石为装饰材料的好点子；龙元村提出建设"空中花盆"的创新做法。四是掀起比学赶超、全民参与的热潮。乡党委、政府随时盯住6个工作组负责人工作进度，各工作组各负其责，相互竞赛，最终形成男女老幼齐上阵、家家建庭院、户户忙种花，争创美丽新家园的良好氛围。

 做最耐用的工程

前几年，独龙江人居环境工作一度成为全州农村观摩学习的对象，但随着巩固拓展脱贫攻坚成果同乡村振兴有效衔接的开启，前期人居环境、公共设施、群众的环境意识等，已越来越不适应新时代发展的需要。例如，三年前搞的庭院竹竿围栏现在大部分已经枯朽；之前的庭院工程也没有注重美观、美化；村里的公共道路和设施也不完善；群众自我发展、自我管理的意识、能力不足；等等。针对这些情况，采取鹅卵石围墙、空中花盆、庭院硬化等措施，并培养群众从"要我干"到"我要干"的人居环境整治理念改变等措施解决了上述问题。

 成效

在全乡6个村沿江公路一线集中安置点公共区域，清理了95%以上的私搭乱建、乱堆乱放的危废建筑和乱贴乱画、卫生死角的残垣断壁。采用鹅卵石围墙、硬化小道、木槽盆景、绿色植物等方法装饰周边环境。新建太阳能路灯100盏、洗手台8处，改造（修缮）无害化卫生公厕17座、洗澡间23间，新建无害化卫生公厕5座、洗澡间6间，改善了公共卫生设施。

"美丽庭院"打造你追我赶。全乡80%以上的美丽庭院建设完工（其他的已动工或半完工）。微型菜园在房"旁"屋后规整收拾、绿意盎然；兑现奖补户厕改造资金共359户71.8万元，争取帮扶资金打造674户最美庭院。

2021年度，完成马库村美丽乡村评定工作，做到户户是最美庭院，村村是特色村寨。通过绵绵用力、久久为功，独龙人民听党话、感党恩、跟党走的决心不断增强，能力素质不断提升，为今后长远发展夯实了基础，向特色小镇建设迈出坚实步伐。

以统归统建或统归自建模式，开展畜禽养殖搬至村后或村旁，净化、美化人居环境。通过最美庭院的打造，6个村景色宜人，环境整洁，都形成了各自的特色。

十里桃花龙元村
（图片来源：独龙江乡政府网站）

独龙风情小镇孔当村
（图片来源：独龙江乡政府网站）

隔岸相望献九当村
（图片来源：独龙江乡政府网站）

边境小康马库村
（图片来源：独龙江乡政府网站）

201

红色乡愁巴坡村
（图片来源：独龙江乡政府网站）

乡村振兴建示范

2021 年 5 月 28 日，州委、州政府在独龙江乡召开乡村振兴现场办公会，认真贯彻落实省委、省政府"怒江现场办公会"精神，总结独龙江乡全面脱贫与乡村振兴有效衔接的工作成效，现场研究部署独龙江乡实施乡村振兴总体规划和 2021 年重点任务，为全州巩固拓展脱贫攻坚成果、推进乡村振兴，为把怒江建设成为脱贫致富示范区、生物多样性保护核心区、世界级高山峡谷旅游胜地提供经验。从州级层面出台《贡山县独龙江乡乡村振兴示范乡镇建设规划（2021—2025 年）》（以下简称《规划》），计划实施项目 153 个，除独龙江公路改造项目外，总投资 18.64 亿元。紧紧围绕旅游业、特色种养业两大产业，着力打造集体经济先行示范村、现代化边境小康村，全力推动独龙江乡在全州率先实现乡村振兴并形成示范效应。

《规划》按照产业兴旺、生态宜居、乡风文明、治理有效、生活富裕的总要求，以全面推进乡村振兴为目标，以生态效益转化经济效益为主线，紧紧围绕旅游业、特色种养业两大产业，重点实施"五大工程"和"四大项目"，切实解决乡村社会经济发展中的突出矛盾和问题，不断优化环境、激发活力、释放潜力，把独龙江乡打造成怒江州乡村振兴的先行示范乡镇，以期形成可复制、可推广、可检验的边境少数民族山区乡村振兴的经验和模式。

《规划》严守不发生规模性返贫底线，统筹生态保护和经济社会发展双促进，依托丰富的生态资源、独特的民族文化和新时代背景下的红色文化，着力构建"旅游 +"发展模式，促进产业融合发展，塑造以旅游业为主导、特色种养业为基础、特色小镇为载体的地域经济发展新格局，把独龙江乡打造成高 A 级景区、一流的特色小镇和共同富裕示范区。"十四五"期间，务求乡村振兴取得决定性进展并产生显著的示范效应，充分展现独龙族"一步千年"的跨越式发展成就，重点突出以下三个示范。

1. 旅游产业引领乡村振兴的示范

保持独龙江乡的原真性和神秘性，积极主动融入大滇西旅游环线。组建旅游平台发展公司，发展小众高端探秘旅游，打造集峡谷探秘、文化体验、民族溯源、

科考研学等功能于一体的高 A 级景区和大滇西旅游环线的新兴增长极，形成生态旅游产业带动乡村振兴的示范效应。

2. 特色小镇建设示范样板

依托良好的生物资源禀赋，紧紧围绕特色、产业、生态、宜居、易达、智慧、成网的云南省特色小镇建设要求，坚持高起点、高标准，把独龙江乡打造成一流特色小镇，形成乡村产业发展的良好载体。

3. 共同富裕的示范

积极发展产业，完善利益联结"双绑"机制，持续推动就业增收，让发展成果惠及广大百姓；加强基础设施建设，提升公共服务水平，不断增进人民福祉，把独龙江乡打造成共同富裕的示范区，充分展现独龙族在党中央关怀下取得的巨大发展成就和发生的历史沧桑巨变。

巩固拓展脱贫攻坚成果，严格落实"一平台、三机制"和"四个全覆盖"政策要求，持续关注有返贫风险低收入群体的"边线"，严守防止脱贫人口规模性返贫的"底线"，巩固拓展脱贫攻坚成果，为乡村振兴打下坚实的基础。

实施基础设施提升工程，加快推进独龙江乡基础设施建设，构建系统完备、高效实用、智能绿色、安全可靠的现代化基础设施体系。加强公共基础设施运营管护，开展村级基础设施和公共服务设施管护财政奖补投入机制试点，统筹县、乡财政资金、村集体经济收入和农户自筹资金，保障管护经费需求，筑牢乡村振兴基础。

推进"五大"振兴。紧紧围绕全域旅游和特色种养业两大产业做文章，推动乡村产业振兴。积极推进特色小镇和特色村寨建设，建设高 A 级景区，发展全域旅游。贯彻"旅游 + 农业"理念，依托旅游和"厨房工程"，带动支撑全乡特色种养业发展。聚焦产业建设，推进产业振兴；加强人才建设，推动人才振兴；实施智志双扶，推动文化振兴；加强生态建设，实施生态振兴；创新治理体系，推动乡村组织振兴。

打造共同富裕示范。共同富裕是全乡人民的富裕，是建立在勤劳和民生保障基础上的富裕，是人民群众物质生活和精神生活的富裕，是社会经济发展的目标和归宿。持续推进就业增收，打造勤劳致富的示范；完善利益联结机制，打造合理分配收益的示范；完善基础公共服务，打造民生保障的示范。通过乡村振兴，

不断增进民生福祉，在高质量发展中促进共同富裕，不断增强人民群众获得感、幸福感、安全感，致力于把独龙江乡建设成人口较少民族共同富裕示范样板。

2021年10月31日，中央农办副主任、农业农村部党组成员、国家乡村振兴局党组书记、局长刘焕鑫同志带着习近平总书记和党中央、国务院的亲切关怀，第一时间深入独龙江乡调研指导工作，并把独龙江乡作为国家乡村振兴局联系点。

 ## 乡村振兴谱新篇

独龙江乡自全面启动"五边、五美、五化"人居环境提升行动以来，有效结合"特色小镇"建设和爱国卫生"7个专项行动"，牢固树立绿水青山就是金山银山的发展理念，把"宜居"贯穿到"美丽乡村"建设全过程各环节，全面推进怒江"两区一胜地"建设。

"家居卫生不仅是美观，还关系身体健康，要全方位提升人居环境质量，让乡村更加宜居、更有特色、更富活力、更具智慧。"贡山县委常委、独龙江乡党委书记和文宝说道，"以世界级高山峡谷旅游胜地为目标，加强党建引领，突出传帮带功能，增强内生动力，全力打造具有独龙族特色的精品特色小镇。明天的独龙江必定是望得见山、看得见水、记得住乡愁，魅力无穷的人间仙境，也是感恩奋进的独龙族人永世守护的美好家园。"

独龙江乡常态化开展全乡6个行政村人居环境每月一评比活动，以"五边、五美、五化"人居环境提升行动为抓手，不断加强环境意识，提升人口素质，全力推进全域旅游巩固拓展脱贫攻坚成果、衔接乡村振兴。

围绕"干净、宜居、特色、智慧"四要素，独龙江乡"四边四美四化"专项行动分两个阶段展开。第一阶段，重点对6个村委会主干道沿线的村民小组及村民委员会所在地小组进行"四边四美四化"整治提升，健全完善村庄清洁、农村生活污水垃圾处理、农村卫生厕所管理等制度，补齐短板、夯实基础。第二阶段，延伸至所有小组、所有安置点。6个行政村人居环境每月一评比，创建"积分超市"积分管理制度，结合家庭内务"流动红旗"评比、"红黑榜"评比、"家庭内务每日一晒"评比、日常抽查检查等方式认真组织评选，奖励积分，在各村委会"积分超市"兑换相应礼品。"积分超市"的洗衣粉、毛巾、衣架、洗洁精、

卫生纸等日用品，前期为政策性帮扶，后期用村集体经济购买，不收群众一分钱，奖励积分高的群众，调动广大群众"家庭内务"的积极性、主动性。乡机关、各站所和商户每月一评比，构建河畅、水清、岸绿、景美、人美、家美和谐安宁、美丽宜居的人居环境，将习近平总书记对独龙族群众"建设好家乡，守护好边疆"的回信精神落到实处，加快新型城镇化建设，推动全域旅游，巩固拓展脱贫攻坚成果，让独龙族群众过上更加幸福的日子。

"通过'四边四美四化'专项行动，将人居环境建设作为一项常抓常新的民生工程，全力打造具有独龙江特色的精品旅游小镇，留住山水乡愁，促进旅游业蓬勃发展。使独龙江每一丛绿林、每一片花海都成为乡村振兴的金山银山。"贡山独龙族怒族自治县县委常委、独龙江乡党委书记和文宝说。

独龙江脱贫摘帽后，乡党委、政府在致力于建设草果、黄精、羊肚菌、重楼等特色生态产业的同时，将全域旅游作为独龙江乡长远发展的重头戏，全乡发动、全员行动，久久为功，全面推进人居环境提升整治，彻底改变乡村"脏、乱、差"状况，建设美丽宜居独龙江。

如今，独龙江乡村组道路日日扫，村容村貌天天清，农家庭院物件摆放有序、干净清爽，家庭内务每日一晒、花草扑鼻，森林覆盖率高达93.1%，成为游人向往的诗和远方。

近年来，独龙江乡在人居环境建设取得良好成效的基础上，将党史学习教育"我为群众办实事"实践活动、疫情防控和爱国卫生"7个专项行动"有机结合，让美丽乡村建设提速升级，打造云南美丽边陲旅游小镇，加快全域旅游发展步伐。

党的十九大报告作出实施乡村振兴战略的重大决策部署，而发展壮大村集体经济是实现乡村振兴的必由之路。巴坡村充分发挥基层党组织的引领作用，把发展壮大村级集体经济作为抓基层、打基础的重要抓手，坚持因地制宜，依靠项目支持、实地盘活资源，推动村级集体经济持续健康发展；马库村采取以工代赈的方法增加贫困群众的经济收入，减轻疫情对群众的影响，为巩固拓展脱贫攻坚成效、实现乡村振兴打下了坚实的基础。

205

1. 独龙原鸡繁殖示范基地

在巴坡村委会南边的一块开阔地上，村里建盖了一个独龙原鸡繁殖示范基地。走进基地，技术人员正在给刚孵出来的小鸡注射疫苗，一旁的全自动孵化机正在运转，遮雨棚下一大群成年鸡在啄食打鸣。独龙鸡体型小而紧凑，羽毛颜色

较杂，具有觅食力强、善飞翔、抗病力强、肉质鲜美等特点。独龙鸡虽然能适应高海拔、高湿度的恶劣条件，但产蛋较少导致原鸡数目较少。为改善这种局面，巴坡村积极向上争取资金，以发展村集体经济的形式，通过引取野生原鸡做种源，人工驯养繁殖，使原鸡的存栏量增加，养殖规模不断壮大。基地的原鸡全部用机器孵化，目前有全自动孵化机 12 台，全部运转起来每个月能孵化 1000 多只小鸡，当前成鸡规模达到 2000 只以上。该基地在保种扩繁的基础上，还将培育出来的鸡苗以分红或低价发放给巴坡村群众，扶持群众发展致富产业。目前基地养殖规模已经达到了饱和状态，村"两委"和相关技术部门已经在附近找到了合适的散养地块，下一步，将以基地为独龙鸡育苗中心，以其他散养地为养殖基地，不断探索养殖方式，扩大养殖规模，真正让群众从养殖独龙鸡中获利。下一阶段，巴坡村将发挥好党组织的引领作用，在保障村集体经济持续稳定发展的同时，积极盘活闲置资源，采取村集体直营、租赁、外租、参股等形式提高村集体资源利用率。因地制宜鼓励党支部、村小组、社会团体积极参与到集体经济发展中，确保集体资产增值保值，巩固脱贫成效，助力乡村振兴。

目前，巴坡村发展了草果、玉米、薯类经济作物，目前草果种植面积达 2.5 万亩，户均超 100 亩，草果年收入户均达 1.6 万元，实现家家户户有草果产业。成立了一个包括独龙牛、独龙鸡、中华蜂等养殖在内的集体经济专业合作社，养殖中华蜜蜂 2000 箱，年出蜂蜜 6500 千克，羊肚菌 50 亩，生猪存栏 312 头，独龙牛存栏 460 头。

2021 年，新增集体经济项目 4 个，6 个村级集体经济收入 44.01 万元，村均达 5 万元以上，孔当村突破 10 万元。

2. 马库村以工代赈

为做好巩固拓展脱贫攻坚成果同乡村振兴有效衔接工作，确保农村居民和脱贫人口持续增收，充分发挥独龙江乡乡村振兴率先示范作用，马库村驻村工作队和村干部本着时不我待的迫切感和使命感，想方设法为村民增收寻路子、找方法。受新冠肺炎疫情和独龙江漫长雨季影响，马库村多渠道增收面临一定的困难。根据国家发展改革委联合中央农办、财政部、交通运输部、水利部、农业农村部、文化和旅游部、国家林草局、国务院扶贫办等部门和单位印发实施的《关于在农业农村基础设施建设领域积极推广以工代赈方式的意见》，2022 年 4 月 26 日起，马库村在独龙江乡党委、政府的统筹安排下实施以工代赈项目，在驻村工作队

和村"两委"的精心组织和严格监督及村民共同努力下,马库村如期完成了对 B 区主干道美化建设的前期工程。

2022 年 5 月 17 日,马库村民如约领取到了前期的务工报酬,拿到工钱的村民脸上无不满是笑容。有村民说道:"感谢党,感谢政府给了我们不用出村就能挣钱的机会。"下一步,马库村还将继续开展以工代赈的后续跟进工作,尽量让村民参与到农村基础设施建设中去,让村民不出村就能就近就地务工,确保村民持续增收的稳定性。同时驻村工作队将全面跟进项目建设情况,协调解决重大问题,着力推进项目建设,确保工程保质保量完成。通过以工代赈的方式实施村内基础设施建设,不仅增加了村民的收入,更进一步激发了村民积极投身建设美丽家园的积极性。

2021 年 10 月,国家乡村振兴局到独龙江乡调研指导工作,并把独龙江乡作为国家乡村振兴局联系点。各级各部门的重视支持,进一步鞭策激励独龙江乡党委、政府加快推进乡村振兴示范的步伐。

贡山县委常委、独龙江乡党委书记和文宝说,乡党委、政府将不辜负习近平总书记的殷殷嘱托,在各级各部门的领导和支持下,坚持走以生态优先、绿色发展为引领的高质量跨越式发展新路子,在抓好草果产业提质增效基础上,发展特色种植养殖,大力引入中小微农业企业,提高特色产业组织化水平,发展壮大集体经济,完善乡村两级物流体系,推进独龙品牌创建工作,积极与高校、科研院所对接,开拓高产科研示范基地建设,在培育生态农业中持续稳定增加群众收入,建设好家乡、守护好边疆,助推全乡群众生活更加美好幸福。

2021 年,农村地区生产总值达 8113 万,农民人均纯收入达 1.5 万元,乡信用社存款达 5528 万元,较年初新增 1926 万元,增幅 53.48%,户均存款超过 4 万元;贷款 2347.89 万元,较年初新增 406 万元,增幅 20.88%。全乡有机动车 988 辆,年内新增购买 70 辆,驾驶员 875 人,其中,女驾驶员 67 人,85% 以上的家庭拥有了机动车,成为怒江绿色发展、生态旅游观光的秘境名片。为巩固拓展脱贫攻坚成果同乡村振兴有效衔接打下坚实基础。

数据无言,但诉说着山乡巨变;时间为证,见证着独龙江的跨越之路。今天的独龙江路通了、灯亮了、房子牢了、产业强了、环境靓了、保障足了、百姓笑了。

　　最近，独龙江乡又迎来两件喜事：2022 年 5 月 11 日，南方电网独龙江乡35 千伏联网工程正式投入运行，彻底结束了独龙江地区孤网运行的时代，独龙江分区分时段停电的历史一去不复返；五一前夕，独龙江乡唯一的金融机构——独龙江信用社荣获"全国工人先锋号"称号。从勉强温饱到家家户户有产业，从没有一条公路到大桥大道畅通，从与世隔绝不通水电到"5G+ 数字化"小镇，近年来，独龙江乡不仅摆脱了贫困，更实现了"一步跨千年"的现代化乡村振兴发展。

后　记

　　居住于云南省怒江傈僳族自治州北部独龙江峡谷中的独龙族是云南省 8 个人口较少民族之一。中华人民共和国成立以来，学界对独龙族的研究大致经历了以下几个阶段：记录、描述独龙族族源、社会历史形态；从多学科角度描述当时独龙江区域独龙族的生活、生产及发展现状；1999 年独龙江公路贯通后，独龙族社会文化变迁、生计改善、对外界的适应性的研究；2010 年独龙江乡整乡推进独龙族整族帮扶扶贫项目的实施。自此，独龙族可持续生计、生态保护、脱贫攻坚与全面小康成为热点。

　　独龙族作为中华人民共和国成立初期从原始社会末期直接过渡到社会主义社会的人口较少少数民族，2018 年底，实现了整族脱贫，2020 年和全国人民一起步入小康社会。这是人类减贫史上的一项壮举，兑现了中国共产党作出的"全面实现小康，一个民族都不能少"的庄严承诺，是社会主义制度优越性的充分体现。"公路通到独龙江，公路弯弯绕雪山，汽车进来喜洋洋，独龙人民笑开颜啊哟拉哟。"独龙族老百姓自己创作的歌曲《幸福不忘共产党》，唱出了独龙族人民幸福生活的心声、唱出了独龙江脱贫攻坚的光辉成就，也唱出了新时代走向全面小康的独龙族神话。

　　本书以第一手资料为主，采用学术论文加人物故事的形式，呈现了独龙族在中华人民共和国成立后，在中国共产党的领导下，一步跨千年，和全国人民同步进入小康社会的历程。本书使用的第一手资料来源于笔者主持的 2017 年国家社会科学基金三年研究项目《国家政策主导下的独龙族发展研究》田野调查，该项目于 2017—2019 年间，在怒江州泸水市、贡山县、独龙江乡共进行了三次共计 70 天的田野调查。课题组在怒江州政府及贡山县政府召开了主要政府职能部门参与的政府协调会；走访了州、县发改、农、林、交通、扶贫、环保、教育、卫生、民族、宗教等多个政府部门并进行资料收集；在贡山县档案馆查阅影印档

209

案资料；访谈了怒江州州长、贡山县县长、独龙江乡党委书记；对独龙江乡 188 户农户进行了入户访问；在 6 个自然村分别与妇女组、老年组、建档立卡贫困户组、村干部组等村民干部群体小组进行访谈。参与该课题的成员还有云南省社会科学院民族学研究所的罗荣芬副研究员，云南省社会科学院东南亚研究所的孙瑞研究员。全书内容分为十章，其中，内蒙古大学历史文化学院考古系的学生牛奕淇负责撰写第二章、第七章、第九章，其余章节由薛金玲负责撰写。

感谢在 2017—2019 年国家社科基金项目调研中接受我们访问并提供相关资料的怒江州委、州政府各职能部门，贡山县委、县政府各职能部门，独龙江乡党委政府，独龙江乡的独龙族群众。特别是为调研提供具体衔接的怒江州政府办公室潘伟平、怒江州民族宗教局，贡山县政府办公室王新华主任、余秀琴副主任，独龙江乡宣传委员木小龙（现任独龙江乡乡长）、独龙江乡办公室主任杨鹏以及在调研中协助我们进行民族语翻译的张春强、木秋云、木文军、木思忠、龙德成、双梅等独龙族干部群众。

除使用国家社科基金项目《国家政策主导下的独龙族发展研究》田野调查第一手资料外，笔者还通过网络广泛收集资料；通过公函收集贡山县、独龙江乡扶贫发展相关资料；采访相关人物来补充故事资料。特别感谢 2022 年补充资料时，贡山县委宣传部的大力协助，其提供的 2020—2022 年独龙江乡发展的相关文字资料、图片资料及提供的采访人员的相关信息，对该书的编撰起到了重要的作用，特此致谢！

编者